LA RÉPUBLIQUE

DE PLATON

HUITIÈME LIVRE

TRADUCTION FRANÇAISE DE GROU

REVUE ET CORRIGÉE
ET PRÉCÉDÉE D'UNE INTRODUCTION ET D'UNE ANALYSE

Par L. CARRAU

PROFESSEUR DE PHILOSOPHIE
A LA FACULTÉ DES LETTRES DE BESANÇON.

PARIS

IMPRIMERIE ET LIBRAIRIE CLASSIQUES

MAISON JULES DELALAIN ET FILS

DELALAIN FRÈRES, Successeurs

56, RUE DES ÉCOLES.

LA RÉPUBLIQUE

DE PLATON

HUITIÈME LIVRE

TRADUCTION FRANÇAISE DE GROU

REVUE ET CORRIGÉE
ET PRÉCÉDÉE D'UNE INTRODUCTION ET D'UNE ANALYSE

Par L. CARRAU

PROFESSEUR DE PHILOSOPHIE
A LA FACULTÉ DES LETTRES DE BESANÇON.

PARIS

IMPRIMERIE ET LIBRAIRIE CLASSIQUES

MAISON JULES DELALAIN ET FILS

DELALAIN FRÈRES, Successeurs

56, RUE DES ÉCOLES.

LA RÉPUBLIQUE DE PLATON.

TRADUCTION.

T. 1

COURS DE PHILOSOPHIE (NOUVEAU), rédigé conformément au programme officiel des lycées et à celui des examens du baccalauréat, par *M. H. Joly*, doyen de la faculté de lettres de Dijon : sixième édition, revue, modifiée et augmentée de *Notions d'Economie politique*, rédigées conformément au nouveau programme de 1880; 1 fort vol. in-12, br. 5 f.

Les *Notions d'Économie politique*, séparément; in-12, br. 50 c.

ÉTUDES SUR LES OUVRAGES PHILOSOPHIQUES, prescrits par le programme du 2 août 1880, analyses, commentaires, appréciations, rédigées en vue des examens du baccalauréat, par *M. H. Joly*; in-12. br. » f.

CICÉRON. *De Legibus liber primus*, avec introduction, notes et remarques par *M. A. Philibert*, professeur de philosophie au lycée de Clermont; in-12, cart. 75 c.

Le même et autres (*Opera Philosophica*), précédé d'une notice littéraire par *M. F. Deltour*; 1 vol. in-18, cart. 1 f. 75 c.

Le même, *nouvelle traduction française, sans le texte*, revue par *M. A. Philibert*; in-12, br. 90 c.

SÉNÈQUE. *De Vita Beata*, avec introduction, notes et commentaires par *M. A. Philibert*, professeur de philosophie au lycée de Clermont; in-12, cart. 75 c.

Le même, *traduction française de Lagrange, sans le texte*, revue et corrigée par *M. A. Philibert*; in-12, br. 75 c.

PLATON. *La République, livre VIII*, texte grec, avec introduction, notes et remarques par *M. L. Carrau*; in-12, cart. 1 f. 20 c.

Le même, *traduction française de Grou, sans le texte*, revue et corrigée par *M. L. Carrau*; in-12, br. 1 f. 20 c.

ARISTOTE. *Morale à Nicomaque* (*Ethica Nicomachæa*), *livre VIII*, avec texte grec, introduction, notes et remarques, par *M. A. Philibert*; in-12, cart. 1 f. 20 c.

Le même, nouvelle *traduction française, sans le texte*, par *M. A. Philibert*; in-12, br. » f.

DESCARTES. *Discours de la Méthode*, avec analyse développée et appréciations critiques par *M. E. Lefranc*, professeur du collège Rollin; in-12, br. 90 c.

DESCARTES. *Discours de la Méthode*, suivi de la *Première Méditation*, avec introduction, analyse développée et remarques par *M. H. Joly*, doyen de la faculté des lettres de Dijon; in-12, br. 1 f. 25 c.

La *Première Méditation*, seule; in-12, br. 40 c.

LEIBNIZ. *Monadologie*, nouvelle édition, avec introduction, analyse et commentaires par *M. Th. Desdouits*, docteur ès lettres, professeur de philosophie au lycée de Versailles; in-12, br. 1 f. 25 c.

LA RÉPUBLIQUE

DE PLATON

HUITIÈME LIVRE

TRADUCTION FRANÇAISE DE GROU

REVUE ET CORRIGÉE
ET PRÉCÉDÉE D'UNE INTRODUCTION ET D'UNE ANALYSE

Par L. CARRAU

PROFESSEUR DE PHILOSOPHIE
A LA FACULTÉ DES LETTRES DE BESANÇON.

PARIS

IMPRIMERIE ET LIBRAIRIE CLASSIQUES

MAISON JULES DELALAIN ET FILS

DELALAIN FRÈRES, Successeurs

56, RUE DES ÉCOLES.

INTRODUCTION.

I. *Notice sur la vie et les œuvres de Platon.*

Platon naquit à Athènes ou à Égine, l'an 430 avant J. C.; il mourut en 347. L'époque où il vécut fut politiquement la plus malheureuse de l'histoire grecque : c'est le temps de la guerre du Péloponèse, des sanglantes rivalités d'Athènes, de Sparte, de Thèbes et de la Macédoine. Il est difficile néanmoins de sentir dans l'œuvre de Platon le contre-coup de ces malheurs publics, et peut-être faut-il attribuer en partie au découragement et à la tristesse que lui inspiraient les événements dont il était le témoin cette constante aspiration vers l'idéal qui est le caractère éminent de sa philosophie.

La famille de Platon était une des plus illustres d'Athènes. Son père Ariston descendait de Cadmus, et sa mère Périctioné descendait elle-même d'un frère de Solon. L'enfance du grand philosophe fut, comme celle de tous les hommes illustres de l'antiquité, entourée de légendes : on racontait que des abeilles du mont Hymette avaient déposé leur miel dans sa bouche pendant qu'il était encore au berceau; que la veille du jour où son père le présenta à Socrate, ce philosophe aurait vu un jeune cygne, s'élevant de l'autel consacré à l'Amour, venir se reposer dans son sein et s'envoler ensuite vers les cieux, charmant les dieux et les hommes par la douceur de son chant.

En raison de sa parenté avec les principaux citoyens d'Athènes, Platon eût pu facilement, s'il l'eût voulu, jouer un rôle politique; mais, outre que la faiblesse de sa voix le rendait impropre à haranguer le peuple, la direction de son esprit l'avait porté de bonne heure vers d'autres occupations. Il se donna d'abord tout entier à la poésie; il composa des poèmes épiques, des dithyrambes, et nous avons conservé quelques épigrammes qui lui sont attribuées. On retrouve à chaque pas, dans son œuvre philosophique, les marques de cette prédilection de sa jeunesse. Les *mythes* platoniciens sont souvent de véritables poèmes en prose, et l'imagination qui les a conçus et composés n'avait rien à envier à celle d'un Pindare ou d'un Eschyle.

Nous savons par Aristote qu'avant de connaître Socrate, Platon fréquenta le philosophe Cratyle, qui le mit au courant des théories sensualistes et matérialistes des Ioniens. Diogène Laërce rapporte, d'autre part, qu'il fut initié de bonne heure au panthéisme de Parménide; mais ce fut Socrate qui exerça sur son génie l'influence principale et décisive. Il avait vingt ans quand son père le présenta à ce nouveau maître : dès ce jour, il ne le quitta plus. Lui-même nous a laissé les témoignages les plus touchants de l'affection profonde que Socrate lui inspira : l'*Apologie*, le *Phédon*, le *Criton*, le *Banquet*, sont les monuments immortels de cette tendre et respectueuse amitié. Et ce qu'il y a de plus rare, c'est qu'il n'a pas dépendu de Platon que la postérité ne fît honneur au maître du génie de son disciple : dans presque tous ses dialogues, Platon met dans la bouche de Socrate l'exposition de ses doctrines, cherchant ainsi à dissimuler derrière cette aimable autorité la profondeur et les dimensions imposantes de ses propres conceptions.

Quand Socrate fut accusé, Platon, pénétré de douleur et d'indignation, s'élança à la tribune pour le défendre; il ne se retira que devant les menaces de la foule. Socrate mort, Platon, avec d'autres socratiques, se réfugia à Mégare; puis il alla, dit-on, à Cyrène, et commença une série de voyages dont l'authenticité n'est pas toujours parfaitement établie. Selon la légende, il aurait recueilli auprès des prêtres d'Égypte les antiques et mystérieuses traditions d'une science à laquelle avait déjà puisé Pythagore; il serait ensuite allé en Phénicie, aurait appris des Hébreux la connaissance du vrai Dieu et de la vraie loi, des Babyloniens l'astronomie, des Mages la doctrine de Zoroastre, d'autres choses encore des Assyriens. Ce sont là les exagérations des historiens d'une époque postérieure : le nom de Platon, grandissant à travers les siècles, apparaissait aux écrivains de l'école d'Alexandrie comme le symbole de toute science humaine et divine.

Il est possible, néanmoins, qu'il ait voyagé en Égypte; mais on ne voit pas trop ce qu'il en aurait rapporté : ses écrits font à peine mention des Égyptiens, et il ne paraît pas avoir eu une bien haute idée de leur science. On lui attribue, et avec plus de fondement, d'autres voyages en Italie et en Sicile. En Italie, il visita les pythagoriciens et s'imprégna fortement de leur esprit. Un de ses plus importants dialogues, le *Timée*, est tout pénétré de pythagorisme. Il alla trois fois en Sicile : la première, ce fut pour voir le volcan de l'Etna. Dans ce voyage, il fit la connaissance de Dion de Syracuse et de son beau-frère Denys le Tyran, connu sous le nom de Denys l'Ancien. Sa philosophie fut médiocrement goûtée du tyran, qui l'accusa de radoter; une réponse trop franche faillit lui coûter la vie. Il fut vendu comme esclave : le philosophe Annicéris de Cyrène l'acheta pour vingt mines (à peu près 1,810 francs) et le renvoya généreusement à Athènes, sans vouloir recevoir le prix de sa rançon. Vingt ans plus tard, Platon fit en Sicile un nouveau voyage : il était appelé par son ami Dion de Syracuse pour faire l'éducation du nouveau tyran, Denys le Jeune. Platon semble avoir été ici le jouet de nobles illusions : il crut pouvoir, par son influence personnelle et ses enseignements philosophiques, convertir à la sagesse le maître de Syracuse; il espérait, en formant les mœurs du prince, corriger celles des sujets et réaliser ainsi l'idéal qu'avaient poursuivi les pythagoriciens et qui l'avait séduit lui-même : un gouvernement fondé sur la vertu. Il ne réussit pas : les dispositions vicieuses de Denys furent les plus fortes. Platon, devenu suspect à la cour, dut retourner à Athènes. Il revint une troisième fois en Sicile, mais sans plus de succès; il se brouilla même tout à fait avec Denys. Depuis cette époque, il paraît avoir vécu paisiblement dans son jardin de l'Académie, occupé de l'instruction de ses nombreux disciples et de la composition de ses ouvrages.

Il mourut à quatre-vingt-deux ans. Ses dernières années furent assombries par le spectacle de la décadence croissante de sa patrie. Bien qu'il soit difficile en général de surprendre dans l'œuvre de Platon l'influence des événements contemporains[1], il est permis de croire que le pressentiment de la ruine vers laquelle les excès d'une démagogie sans frein entraînaient la malheureuse Athènes ne fut pas étranger à la conception de cette République idéale, où le pouvoir appartient aux meilleurs, et qui trouve dans la pratique de la justice le secret d'une inaltérable félicité.

II. *Analyse des sept premiers livres de la* République[2].

Le dialogue de la *République* se compose de dix livres; c'est peut-être l'œuvre la plus considérable de Platon, et l'on y trouve comme en abrégé toute sa philosophie. On s'est parfois demandé quel est le véritable objet de ce dialogue. S'agit-il simplement, comme semble l'indiquer la discussion qui remplit les deux premiers livres, de déterminer la nature du juste? ou bien Platon s'est-il proposé de tracer le plan d'une cité parfaite, difficile sans doute, mais non impossible à réaliser ici-bas? Nous croyons que ces deux sujets, différents en apparence, n'en font réellement qu'un. C'est sur la justice que le dialogue roule tout entier; seulement, pour Platon, c'est la même justice qui doit servir de règle et à l'individu et à l'État; la morale et la politique sont au fond même chose. Et pourquoi? C'est qu'il est impossible que le bien véritable des individus qui composent l'association soit en contradiction avec le bien véritable de l'association tout entière. Si le bien de l'homme, c'est la justice, le bien de la société doit être également la justice. Si, moralement, l'homme ne peut vivre sans être juste, il s'ensuit que la société d'où serait bannie toute justice s'anéantirait à l'instant. Qu'est-ce maintenant que cette justice, condition essentielle d'existence et de bonheur pour l'individu comme pour l'État? C'est ce qu'une rapide analyse du dialogue va nous apprendre.

Les interlocuteurs du dialogue sont *Socrate*, le vieux *Céphale*, de Syracuse, *Polémarque*, fils de Céphale, *Glaucon* et *Adimante*, fils d'Ariston et frères de Platon, *Clitophon*, et

1. Sauf peut-être dans le huitième livre de la *République*; voy. plus loin le tableau de la démagogie athénienne.
2. Nous conservons le mot *République*, parce qu'il est consacré par la tradition. Le sens véritable du grec Πολιτεία, c'est l'*État*.

enfin le sophiste *Thrasymaque*. La scène se passe au Pirée, dans la maison de Céphale, pendant la fête des Bendidies[1]. C'est dans la bouche de Socrate que Platon met
le récit.

Livre premier. — Socrate et Glaucon revenaient du Pirée,
où ils avaient assisté aux fêtes de la déesse, et se préparaient
à retourner à Athènes. Polémarque les aborde et les décide à
entrer dans sa maison avec plusieurs amis. Socrate engage
alors la conversation avec le vieux Céphale, père de Polémarque, sur les avantages et les inconvénients de la vieillesse. Céphale défend la vieillesse des accusations dont elle
est ordinairement l'objet. Elle est supportable et douce, si
l'on peut se rendre témoignage qu'on n'a commis d'injustice envers personne. Mais qu'est-ce que la justice? Telle
est la question qui se pose, et dont l'examen va remplir le
dialogue tout entier.

Socrate discute et rejette successivement plusieurs défi-
nitions de la justice. Il montre qu'elle ne consiste pas à
rendre à chacun ce qu'on en a reçu; ni à faire du bien à ses
amis, du mal à ses ennemis; elle n'est pas davantage ce
qui est avantageux au plus fort, comme le soutient le
sophiste Thrasymaque. Est-il vrai de dire, avec le même
Thrasymaque, que l'homme injuste est plus heureux que
l'homme juste? Non : car la justice est sagesse et vertu;
l'injustice, ignorance et vice. Dans toute association, l'injustice est la source des séditions, des haines, des combats. Dans un seul homme, elle produit les mêmes
effets, elle le met en opposition avec lui-même. Divisés,
l'État et l'individu où se trouve l'injustice sont nécessairement impuissants et malheureux. D'où cette conclusion rigoureuse que la justice est plus avantageuse que
l'injustice.

Livre deuxième. — La discussion précédente n'était qu'un
prélude; il s'agit maintenant de déterminer avec précision
la nature de la justice et de l'injustice, son contraire, et

1. Les *Bendidies* étaient une fête en l'honneur de la Diane
de Thrace, qu'on appelait *Bendis*, et qui avait un autel au
Pirée.

de chercher quels effets l'une et l'autre produisent immédiatement dans l'âme.

Selon l'opinion vulgaire, la justice est un bien pénible, quoique utile; il faut la rechercher, non pour elle-même, mais pour les avantages qu'elle procure. Elle est une invention des plus faibles, qui, ne pouvant se défendre contre les attaques des plus forts, établirent, dans l'intérêt commun, l'obligation de ne pas faire de tort à autrui, pour n'en pas souffrir soi-même. Dans l'ordre de la nature, le plus grand bien c'est de commettre l'injustice impunément; et l'homme qui aurait la certitude d'échapper à toute punition ne serait pas assez fou pour obéir à la loi. Donnez au juste l'anneau mystérieux de Gygès, qui rendait invisible : il ne se fera aucun scrupule de satisfaire, même par le crime, toutes ses passions. On n'est donc juste que par nécessité[1].

Supposons l'homme juste et l'homme injuste parfaits, chacun dans son genre. Que l'homme injuste soit assez habile pour se donner pendant toute sa vie les apparences de la justice : ses forfaits restent ignorés; tout semble lui réussir; il est comblé d'honneurs et de richesses; l'estime publique l'entoure jusqu'à sa mort : selon le vulgaire, il est heureux. Mais qu'un juste soit calomnié, couvert d'infamie; qu'il passe pour le plus scélérat des hommes : on le torture, on lui brûle les yeux, on le met en croix : est-il heureux? Et ne faut-il pas conclure d'un tel parallèle qu'il importe moins d'être juste que de le paraître?

On vante la justice pour les biens qu'elle procure : bonne renommée, alliances avantageuses, protection des dieux. Il suffit donc de tromper les hommes et de passer pour juste. — Mais, dira-t-on, on ne trompe pas les dieux. — On peut du moins les apaiser par des sacrifices, des expiations. Pour faire un digne éloge de la justice, il faut donc la considérer, non dans ses conséquences et ses effets, mais en elle-même, et montrer que, par nature et par essence, elle est un bien, et l'injustice un mal en soi. Pour rendre plus facile cette recherche, Socrate propose à ses

1. Cette immorale doctrine était en général celle des sophistes. Calliclès la développe longuement dans le dialogue du *Gorgias*.

auditeurs un expédient : « Si l'on donnait à lire de loin à des personnes qui ont la vue basse des lettres en petit caractère, et qu'elles apprissent que ces mêmes lettres se trouvent écrites ailleurs en gros caractère, il leur serait sans doute avantageux d'aller lire d'abord les grandes lettres et de les confronter ensuite avec les petites pour voir si ce sont les mêmes. — Cela est vrai, reprit Adimante. Mais quel rapport cela a-t-il avec la question présente? — Je vais te le dire. La justice ne se rencontre-t-elle pas dans un homme et dans une société d'hommes? — Oui. — Mais la société est plus grande que le particulier. — Sans doute. — Par conséquent, la justice pourrait bien s'y trouver en caractères plus grands et plus aisés à discerner. Ainsi nous chercherons d'abord, si tu le trouves bon, quelle est la nature de la justice dans les sociétés; nous l'étudierons ensuite en chaque particulier; et, comparant ces deux espèces de justice, nous verrons la ressemblance de la petite à la grande. — C'est fort bien dit. — Mais, si nous examinions par la pensée la manière dont se forme un État, peut-être découvririons-nous comment la justice et l'injustice y prennent naissance. — Cela pourrait être. » Telle est la transition qui conduit Platon à exposer l'origine et les conditions d'existence de l'État.

L'État doit sa naissance aux besoins qui rendent nécessaires à l'homme les services de ses semblables. Cet échange de services est le principe, en même temps que le but, de toute association; mais il n'est efficace que si chacun remplit dans l'État une fonction déterminée : sans la division du travail, tout développement social serait impossible. Quand l'État a grandi, il est exposé à des conflits avec ses voisins : de là, la nécessité d'avoir des soldats pour l'attaque ou pour la défense. Le métier de la guerre exige un long apprentissage; il faut y consacrer la plus grande partie de sa vie. Les guerriers devront donc former dans l'État une classe distincte et recevoir une éducation spéciale.

Cette éducation comprend la *gymnastique* et la *musique*[1]. La gymnastique développe le corps; la musique forme l'âme. A la musique appartiennent les discours : les uns

1. Le mot μουσική, *musique*, a, en grec, un sens très-étendu. Il désigne les beaux-arts, en général, et comprend l'éloquence et la poésie.

sont vrais, les autres mensongers; ce sont les fables. On doit bannir de l'éducation la plupart des fables des poètes, parce qu'elles donnent aux jeunes gens des idées fausses et malséantes sur les héros et sur les dieux.

Livre troisième. — On doit de même préserver les jeunes gens des récits capables d'amollir leur courage et d'égarer leur conscience. On ne mettra pas sous leurs yeux le spectacle dégradant de héros qui s'abandonnent à d'indignes lamentations ou à des passions qu'ils ne peuvent maîtriser. Quant à la forme même du discours, le législateur n'admettra pas ce genre de poésie qui prend tour à tour les tons les plus variés et fait parler différents personnages chacun selon son caractère. Il bannira de la république le poète habile en ces sortes de prestiges, après avoir répandu des parfums sur sa tête et l'avoir couronné de bandelettes. Ce qu'il faut pour les jeunes guerriers, c'est un poète dont le ton imite le langage de la vertu.

De même, pour le chant et la mélodie, on devra proscrire les rythmes mous, efféminés, plaintifs, des modes ioniens et lydiens. Les sculpteurs, les peintres, seront également tenus de ne représenter jamais que de nobles images, « afin que, semblables aux habitants d'un pays sain, les jeunes guerriers ressentent de toutes parts une influence salutaire, recevant sans cesse, en quelque sorte par les yeux et les oreilles, l'impression des beaux ouvrages, comme un air pur qui leur apporte la santé d'une heureuse contrée et les dispose insensiblement, dès leur enfance, à aimer et à imiter le beau et à mettre entre eux et lui un parfait accord. »

Viennent ensuite la gymnastique et la médecine, qui devront être simples comme la musique. Peu de remèdes sont nécessaires à des hommes dont le corps est sain. On laissera périr ceux qui sont naturellement infirmes. De même, dans une République bien réglée, on n'aura pas besoin d'avoir souvent recours au juge : les criminels incorrigibles devront être mis à mort.

La musique et la gymnastique doivent se tempérer l'une par l'autre : celui qui se livre tout entier à la musique risque de devenir efféminé; celui qui ne cultive que la gymnastique prend un caractère farouche et intraitable.

L'âme que forme cette double et salutaire influence est à la fois courageuse et modérée.

Il s'agit maintenant de choisir les chefs de l'État parmi les guerriers les plus âgés; on choisira ceux qui ont montré le plus d'amour pour le bien public. Ils formeront la classe des magistrats[1]. Les jeunes gens instruits par la gymnastique et la musique leur obéiront et, sous leur direction, ils seront les défenseurs de l'État. Ces défenseurs ne posséderont rien en propre, ni maison, ni or, ni argent. Cette subordination nécessaire des guerriers aux magistrats, et des artisans aux deux autres classes, la nature même l'établit. Elle mêle un métal précieux ou vil, l'or, l'argent, le fer et l'airain, dans la composition de chaque âme. Ceux dont l'âme est d'or doivent commander : ce sont les magistrats. Il est de la dernière importance que chacun reste à la place que lui assigne le métal de son âme. Les castes, d'ailleurs, ne sont pas fermées : une âme d'or ou d'argent peut naître d'un artisan; un magistrat ou un guerrier peut engendrer un fils dont l'âme soit de fer ou d'airain. C'est aux magistrats à discerner le métal et à replacer chacun au rang qui lui convient. « La République périra lorsqu'elle sera gouvernée par le fer ou par l'airain. »

Livre quatrième. — Il est nécessaire de maintenir les citoyens dans une situation intermédiaire entre la richesse et la pauvreté. Tout État où se trouvent en présence des riches et des pauvres est divisé; à proprement parler, il n'est pas *un*, mais *plusieurs*. Ce danger n'existe pas dans notre République; elle est *une* : or l'unité est la condition essentielle d'existence d'un État.

L'éducation des enfants a une importance capitale. Les magistrats devront veiller à ce qu'elle se maintienne pure et s'opposer à toute innovation dans la gymnastique et la musique. « On ne peut toucher à la musique sans ébranler les lois fondamentales du gouvernement. »

Il s'agit maintenant de découvrir la *justice* dans l'État ainsi constitué. S'il est parfait, il doit posséder toutes les

---

1. Il faut entendre par ce mot les hommes chargés du gouvernement de la cité.

vertus : nous trouvons la prudence chez les magistrats, le courage chez les guerriers, la tempérance chez les artisans et les classes inférieures, qui acceptent volontiers la suprématie des meilleurs.

Quant à la justice, elle est le principe des trois vertus précédentes, la *prudence*, le *courage*, la *tempérance*; c'est elle qui maintient chacun dans les limites et les fonctions que la nature lui a assignées.

La justice n'est pas autre dans l'individu que dans l'État. L'âme a trois *parties* ou *facultés* : la *raison* (νοῦς), qui est dans l'homme ce que les magistrats sont dans la cité : à elle appartient le gouvernement; sa vertu propre est la sagesse; la *passion généreuse* (θυμός), dont le rôle est le même que celui des guerriers et qui doit obéir à la magistrature de la raison : la vertu du θυμός c'est le *courage*. Enfin, la *partie inférieure de la sensibilité* (ἐπιθυμητικόν) occupe dans l'âme la même place que les artisans dans notre République; elle doit être soumise par le *courage* aux prescriptions de la raison et réglée par la vertu de la tempérance. L'âme juste est celle où chacune de ces facultés remplit la fonction qui lui est assignée par la nature ; l'âme injuste est celle où la passion se révolte contre l'empire de la raison et prétend régner en maîtresse. La justice est donc l'harmonie résultant de la subordination naturelle des parties qui composent l'âme ou l'État.

Livre cinquième. — Dans ce livre se trouvent développées les idées fausses et contraires à la morale qui déparent le chef-d'œuvre que nous analysons. En vertu de ce principe que la nature de la femme est identique à celle de l'homme, Platon exprime le vœu que dans sa République la même éducation soit donnée aux deux sexes; les femmes iront à la guerre comme les hommes. Il y a plus : il croit assurer l'unité de l'État et fortifier le patriotisme en abolissant la famille, au moins dans la classe des guerriers, et en décidant que les enfants ignoreront leurs parents, les parents leurs enfants [1].

1. On ne saurait trop déplorer que le génie de Platon se soit laissé séduire par de telles utopies. Platon s'imagine que s'il était possible de détruire dans le cœur de l'homme les affections domestiques, on fortifierait d'autant l'amour de la

Mieux inspiré, il interdit aux citoyens de faire des esclaves parmi les Grecs, car les Grecs sont naturellement amis et alliés entre eux.

Ici, une nouvelle et grave question se présente : la cité dont nous avons tracé le plan, et qui renferme, avec la justice, toutes les vertus, est-elle possible?

Le seul remède aux maux des États et du genre humain tout entier, c'est que les philosophes soient rois ou que les rois soient philosophes. Mais quels sont ceux qui méritent proprement le nom de philosophes?

Le vrai philosophe est celui qui aime la sagesse tout entière et non pas seulement une partie de la sagesse. Nous ne donnerons donc pas ce titre à ceux qu'un goût frivole attire sans cesse vers de nouveaux objets et qui se contentent des images du beau sans souci de la beauté elle-même, et dont la curiosité est toute dans les yeux et dans les oreilles. Le vrai philosophe aime à contempler la vérité; il s'attache à la beauté, à la justice absolues, sans les confondre avec les ombres que les choses sensibles nous en présentent : seul il atteint la réalité et possède la connaissance, tandis que les autres se repaissent d'apparences, sont les jouets de vains rêves et n'ont que l'opinion.

La science se rapporte à l'être, l'ignorance au non-être; l'opinion, qui tient le milieu entre la science et l'ignorance, a pour objet l'apparence, chose intermédiaire entre l'être et le non-être. Nous appellerons donc *philodoxes*, amis de l'opinion, ces hommes « qui voient la multitude des choses belles, mais ne peuvent souffrir qu'on leur parle du beau absolu comme d'une chose réelle; » et *philosophes*, amis de la sagesse, « ceux-là seuls qui s'attachent à la contemplation des choses unes, simples et immuables. »

patrie. C'est une erreur grossière. L'homme aime sa patrie parce qu'elle est à ses yeux comme une extension de la famille; l'un de ces sentiments est la condition de l'autre. C'est à l'école des vertus domestiques que se forme le bon citoyen.

Livre sixième. — Les vrais philosophes, possédant seuls la connaissance des principes, doivent seuls recevoir la direction de l'État. Suit l'énumération des vertus qui distinguent le philosophe.

Son amour exclusif de la science lui inspire le mépris des plaisirs sensuels. Il n'a nul souci des richesses et ne craint pas la mort. Il est plein de douceur et d'équité; son esprit est ami de la grâce et de la mesure.

Le vulgaire reproche au philosophe d'être bizarre et inutile dans l'État. Mais les matelots turbulents qui se disputent le gouvernement d'un navire traiteront d'inutile le vrai pilote absorbé dans la contemplation des astres; ils n'estimeront que celui qui flatte leurs désirs ambitieux. De même, on méprise le philosophe parce qu'il dédaigne l'art de plaire à la foule et qu'il s'abstient de solliciter le pouvoir : et pourtant, c'est au malade de recourir au médecin, c'est aux matelots à prier le pilote de leur donner ses ordres.

Les faux philosophes contribuent encore à discréditer les vrais. Des jeunes gens bien doués, et qui semblent, par leur heureux naturel, appelés à devenir les plus fermes soutiens de la philosophie, se laissent corrompre par les passions et les préjugés de la foule et se mettent par ambition à flatter les appétits de cet « animal grand et robuste » qui est le peuple. Le philosophe se tient alors à l'écart, trop heureux d'échapper à la rage des bêtes féroces qui l'entourent, de passer ses jours dans l'innocence et de sortir de cette vie avec une conscience tranquille et remplie de belles espérances.

Que des circonstances extraordinaires portent un jour un vrai sage au gouvernement, et il n'aura pas de peine à dissiper les préjugés du vulgaire à l'endroit de la philosophie : « Des cœurs exempts de fiel et d'envie pourraient-ils s'emporter contre qui ne s'emporte pas et vouloir du mal à qui n'en veut à personne? »

Mais comment s'y prendrait ce sage pour tracer le plan d'une République telle que celle dont le modèle a été esquissé aux livres précédents? Il regarderait l'État et l'âme de chaque citoyen comme une toile qu'il faut commencer par rendre nette; puis il travaillerait sur cette toile en jetant les yeux tantôt sur l'essence de la justice, de la beauté, de la tempérance et des autres vertus, tantôt sur ce que l'homme peut comporter de cet idéal, et il formerait ainsi des âmes aussi rapprochées que possible de la perfection.

Maintenant, comment se formeront eux-mêmes les magistrats destinés à maintenir dans leur intégrité les institutions de la République?

Le magistrat doit avoir fait une étude approfondie de l'idée du bien. Mais qu'est-ce que le bien? Il est impossible de le connaître tel qu'il est en lui-même, mais on peut en comprendre imparfaitement la nature par une comparaison.

Dans le monde sensible, c'est la lumière qui fait percevoir les objets à la vue, et la cause de la lumière c'est le soleil. L'œil possède la puissance de voir [1], qui a quelque analogie avec le soleil et qui vient de lui, et il voit le soleil lui-même. Pareillement, il y a comme un soleil intelligible qui est l'idée du bien. Ce soleil rend visible à l'intelligence les objets intelligibles qu'il éclaire, le bien en soi, le juste en soi, la science, la vérité. Et l'œil de l'âme reçoit de ce soleil la faculté de voir les êtres intelligibles, c'est-à-dire l'intelligence.

L'idée du bien, qui éclaire les objets de la connaissance et les rend perceptibles à l'œil de l'âme, est au-dessus de la science et de la vérité puisqu'elle en est le principe; comme le soleil, dans le monde sensible, est supérieur à la lumière qui émane de lui.

De plus, le soleil n'éclaire pas seulement les objets; il leur communique la puissance et la vie : ainsi les êtres intelligibles « ne tiennent pas seulement du bien leur intelligibilité, mais encore leur être et leur essence, quoique le bien lui-même ne soit point essence, mais quelque chose de bien au-dessus de l'essence en dignité et en puissance. »

Le bien et le soleil sont deux rois, l'un du monde intelligible, l'autre du monde visible. Figurons-nous une ligne divisée en deux parties inégales : l'une correspond au

1. Selon Platon, l'œil renferme une sorte de fluide analogue à la lumière extérieure. Ce fluide, s'écoulant de l'organe, va pour ainsi dire au-devant des rayons lumineux, et cette rencontre produit le phénomène de la vision. Cette théorie est exposée dans le dialogue du *Timée*.

monde visible, l'autre au monde intelligible. Divisons
encore en deux chacune de ces parties : la première division du monde visible est une partie obscure qui comprend
les images des objets sensibles : elles ne sont connues que
par *conjecture* (εἰκασία); la seconde division est une partie
lumineuse et donne les objets que ces images représentent :
animaux, plantes, *etc.* Ce sont proprement les objets de la
foi (πίστις), supérieure à la conjecture : les deux parties,
prises ensemble, forment le domaine de l'*opinion* (δόξα).
Quant à la science, elle ne commence qu'avec le monde intelligible, qui se divise, lui aussi, en une section lumineuse
et une section obscure. La section obscure renferme les
notions abstraites d'où l'esprit tire des conclusions sans
remonter jusqu'aux principes absolus qui expliquent ces
notions mêmes : c'est la méthode de la géométrie, et la
connaissance qu'elle donne est la *connaissance raisonnée* ou
discursive (διάνοια). La section lumineuse répond à ces
principes éternels, inconditionnels, à ces *idées* qu'atteint
directement l'*intelligence pure* (νόησις). Il y a donc quatre
degrés dans la connaissance : le plus élevé, c'est l'intelligence pure; le second, la connaissance discursive; le troisième, la foi; le quatrième, la conjecture; et chacune de
ces manières de connaître renferme plus ou moins d'évidence, selon que leurs objets participent plus ou moins de
la vérité.

Livre septième. — *Le septième livre* s'ouvre par la magni-
fique allégorie de la caverne. Platon nous représente dans
une caverne des prisonniers enchaînés : la lumière leur
vient d'un feu allumé derrière eux; leurs regards, tournés
vers le fond du souterrain, ne peuvent saisir que des
ombres produites par des objets qui passent entre eux et le
feu qui les éclaire. Ne pouvant tourner la tête, ils prennent
ces ombres pour des objets réels. On délie l'un des cap-
tifs, on le force à sortir de la caverne, à monter au grand
jour; ébloui d'abord, il ne peut contempler que les images
des objets réels, telles qu'elles sont réfléchies par les eaux;
plus tard, il parvient à fixer ses yeux sur les objets terrestres eux-mêmes; puis il les élève vers le ciel, mais il
ne peut encore les contempler que pendant la nuit. Ce
n'est qu'à la fin qu'il pourra attacher ses regards sur le

soleil lui-même. Comprenant alors que le soleil est le roi du monde visible et produit tous les objets qui existent ici-bas, il prendra en pitié ses anciens compagnons de chaîne, qui ignorent la vraie lumière; s'il redescendait dans la caverne, et qu'avant qu'il ne se fût habitué de nouveau à l'obscurité, on l'obligeât à discourir et à discuter sur les ombres, il serait incapable de les discerner.

L'allégorie de la caverne représente la condition humaine. Le monde visible, c'est la prison souterraine; le captif qui monte vers la région supérieure, c'est l'âme qui s'élève vers le monde intelligible des idées. Au sommet de l'ordre de la connaissance existe l'idée du bien, soleil du monde intelligible, cause de tout ce qui est beau et bon, principe de la vérité et de la raison. Ceux qui se sont élevés jusque-là ne peuvent consentir à redescendre et à s'intéresser de nouveau aux misérables objets qui préoccupent le vulgaire; leur esprit, ébloui par la lumière intelligible, se trouble quand il lui faut revenir dans la région obscure des opinions.

L'âme possède naturellement la faculté de connaître; mais cette faculté doit être dirigée vers son véritable objet. Cet objet, c'est l'être intelligible; ce sont les idées. Pour élever l'âme vers ces régions lumineuses, il faut l'affranchir dès l'enfance, par l'éducation, des instincts grossiers qui, comme autant de poids de plomb, l'attachent aux plaisirs des sens. Mais ceux dont l'âme est ainsi affranchie trouvent dans la contemplation des réalités éternelles et immuables une félicité parfaite : ce n'est qu'en faisant appel à leur amour du bien public qu'on les décidera à se charger chacun à son tour du gouvernement de l'État.

La philosophie seule, en faisant passer l'âme, du jour crépusculaire où elle se trouve, à la vraie lumière de l'être, peut former les magistrats. Les sciences capables de produire cette ascension de l'âme sont toutes celles qui détournent l'esprit des objets sensibles pour le fixer sur des réalités purement intelligibles. Telle est d'abord *l'arithmétique*, qui, s'occupant de la véritable unité et des vrais nombres, est ainsi la première des sciences préparatoires à la philosophie.

La *géométrie plane* est la seconde science que le philosophe doit étudier. Comprise comme elle doit l'être, elle n'a également pour objet que des réalités intelligibles et éternelles. *La géométrie à trois dimensions*, ou science des solides, vient en troisième lieu. Puis vient l'*astronomie*; mais ce qu'elle doit connaître pour élever véritablement l'âme vers les choses d'en haut, ce sont les relations idéales qu'ont entre eux les mouvements des corps célestes ; c'est cet ordre, toujours imparfaitement réalisé dans le monde matériel, qu'expriment les *vrais* nombres et les *vraies* figures, et que l'intelligence pure peut seule saisir. Enfin la *musique* est la cinquième science qui ait la vertu de diriger l'âme vers les choses intelligibles. Mais le musicien digne de ce nom préfère l'autorité de l'intelligence à celle de l'oreille, et recherche, avec la pensée pure, quels nombres sont harmoniques, quels autres ne le sont pas, et quelle est la cause de cette différence.

Les cinq sciences qui viennent d'être indiquées ne sont encore que le prélude d'un air que la dialectique exécute. Seule, la dialectique peut élever la pure intelligence jusqu'au sommet de l'ordre intelligible, jusqu'à la pure essence du bien. L'étude des sciences énumérées plus haut détourne l'œil de l'âme des objets sensibles, jusqu'à ce que la dialectique le fixe enfin sur la lumière intelligible de l'idée du bien, principe de toute connaissance et de toute réalité. .

Ces études préparatoires ne méritent qu'imparfaitement le nom de science; la connaissance qu'elles donnent, inférieure à la science, est supérieure à celle de l'opinion : c'est la *connaissance discursive*. Ainsi, nous appellerons *science* la première et la plus excellente partie de la connaissance, et *connaissance discursive*, celle qui vient après: ces deux parties se rapportent à la pensée pure et ont pour objet la réalité intelligible, ce qui est véritablement; quant à l'*opinion*, qui s'oppose à la pensée pure, elle comprend également deux parties : l'une plus claire, la foi; l'autre plus obscure, la conjecture : toutes deux s'appliquent au monde sensible, à ce qui devient.

Seul, le dialecticien sait rendre raison de l'essence de chaque chose; seul, il est capable de définir rationnellement l'idée du bien; seul, par conséquent, il doit disposer souverainement des plus grands intérêts de l'État.

Il reste à savoir quels sont ceux qu'il convient d'initier

aux sciences préparatoires et à la dialectique elle-même. Pour de telles études, il faut non-seulement un noble et généreux caractère, mais encore une pénétration naturelle, et une grande facilité à apprendre, une bonne mémoire, une volonté persévérante. La tempérance, la grandeur d'âme, le courage, sont également des conditions essentielles. Les études préparatoires à la dialectique devront commencer dès l'enfance : on choisira ceux qui auront montré le plus de courage dans les dangers, le plus d'ardeur pour apprendre ; et, à l'âge de vingt ans, on leur présentera dans leur ensemble les sciences qu'ils avaient jusque-là parcourues sans ordre : ces vues générales sont une indispensable préparation à la dialectique, car celui-là seul est dialecticien qui sait se placer au point de vue général. A trente ans, on fera parmi cette élite un nouveau choix ; ceux qui en auront été l'objet recevront de plus grands honneurs, et on s'attachera à discerner ceux qui, sans le secours des sens, pourront s'élever jusqu'à l'être en soi. Cette épreuve se fait par la dialectique ; mais elle exige de grandes précautions. On n'admettra à cette étude que des esprits sérieux et solides, et seulement à partir de l'âge de trente ans jusqu'à trente-cinq. Alors on les ramènera dans la caverne, c'est-à-dire qu'on les obligera, pendant quinze années, à diriger les affaires militaires, à se mêler à la vie pratique et publique, à acquérir toute l'expérience qu'exige la science du gouvernement. A cinquante ans, l'apprentissage est terminé ; et ceux qui auront subi à leur honneur toutes ces épreuves successives seront conduits au terme, et obligés de diriger en haut le regard de l'âme, et de le fixer sur l'être qui éclaire toutes choses, le bien. Maîtres suprêmes de l'État, ils le gouverneront à tour de rôle et le façonneront sur le divin modèle qu'ils contemplent, sur l'idée du bien. Formée par de tels hommes et de telles femmes (car l'éducation philosophique convient également aux deux sexes), la Cité serait vraiment heureuse, et réaliserait parfaitement le plan idéal tracé aux livres précédents.

III. *Analyse spéciale du huitième livre de la* République.

Théorie des gouvernements comparés à celui de la République idéale. — Depuis le milieu du livre V jusqu'à la fin du livre VII, le dialogue a eu pour objet d'établir que les États ne pourront être heureux que s'ils sont gouvernés par des philosophes, puis de déterminer les qualités du vrai philosophe, et l'éducation propre à le former. C'est là une longue digression, après laquelle Platon reprend l'examen de la question principale de tout l'ouvrage.

L'injustice donne-t-elle le bonheur ici-bas ? Cette question sera résolue au double point de vue de l'individu et de l'État.

On verra que l'État le plus heureux, parce qu'il renferme la justice, est celui dont le plan a été tracé, et qu'à mesure qu'on s'éloigne de ce modèle l'État devient à la fois plus injuste et plus malheureux. A chacune des formes de gouvernement qui vont être successivement examinées, répond un caractère individuel, une nature d'âme particulière, chez qui l'injustice et le malheur croissent dans la même proportion.

Le gouvernement idéal, fondé sur la justice, est une *aristocratie* ou une *monarchie;* les meilleurs, c'est-à-dire les philosophes, y exercent l'autorité.

C'est une nécessité qu'au bout d'un certain temps, la décadence entraîne vers la ruine, non seulement les gouvernements, mais toutes les races vivantes. Il arrivera donc que les magistrats donneront des enfants à l'État sans tenir compte du nombre mystique qui détermine l'instant le plus favorable à la propagation de leur espèce. Ces enfants, nés sous de funestes auspices, n'auront pas la vertu de leurs pères ; ils négligeront la musique, leur éducation sera moins parfaite. Ils apporteront peu de précautions dans le discernement des races d'or, d'argent, d'airain, de fer ; de fâcheux mélanges se produiront : de là, défaut de convenance et d'harmonie, par suite la guerre et l'inimitié. Les races de fer et d'airain aspirent à s'enrichir; les races d'or et d'argent prétendent maintenir la constitution primitive. Après bien des luttes, celles-ci l'emportent, se partagent les terres et les maisons, réduisent en

esclavage le reste des citoyens. Intermédiaire entre l'aristocratie et l'oligarchie, le gouvernement devient *timocratique*.

Le caractère propre de la timocratie est la tendance à
élever au pouvoir des hommes chez qui domine, non plus la
sagesse, mais le courage, θυμός, plus nés pour la guerre
que pour la paix, faisant plus de cas de la gymnastique
que de la musique, avides de richesses, et livrés secrète-
ment à tous les plaisirs, au mépris des lois qu'ils n'osent
violer ouvertement. L'ambition et la brigue, voilà les traits
essentiels de ce gouvernement[1].

L'homme timocratique lui ressemble de tout point : il
est ambitieux, dur envers ses esclaves, doux pour ses
égaux, plein de déférence envers ses supérieurs. C'est par
les vertus guerrières qu'il cherche à s'élever aux honneurs. Désintéressé dans sa jeunesse, il risque de devenir
avare avec l'âge; effet déplorable d'une éducation où la
gymnastique n'a pas été suffisamment tempérée par la
musique.

Voici comment il se forme. Fils d'un père qui a fui les
dignités et la fortune, il entend sa mère se plaindre de
l'humble condition où l'a laissée son mari; des conseils,
des exemples pernicieux, l'excitent de tous côtés à sortir
par tous les moyens de l'obscurité, enflamment la partie
irascible et la partie concupiscible de son être, tandis que
son père cherche à fortifier la partie raisonnable. Ainsi
sollicité en sens contraire, il laisse prendre tout empire à
la partie intermédiaire, au θυμός, et devient un homme hautain et ambitieux.

Après la timocratie vient l'*oligarchie*. C'est le gouvernement où le cens décide de la condition de chacun : les
riches seuls y tiennent le pouvoir. Il se forme naturellement de la timocratie, par l'amour croissant de l'argent,
qui s'empare de tous. A mesure que les richesses augmen-
tent, la vertu diminue: d'ambitieux et d'intrigants, les citoyens deviennent avares et cupides; par intimidation ou
par la force ouverte, les riches font enfin passer une loi
qui interdit l'accès des honneurs à tous ceux dont le re-

1. Allusion au gouvernement de Sparte, au temps de Platon.

venu n'atteint pas un certain chiffre, et l'oligarchie est fondée.

Les vices de l'oligarchie sont d'abord que le pauvre, fût-il le plus capable, est impitoyablement exclu du maniement des affaires : l'État ne peut manquer ainsi d'être fort mal gouverné; ensuite, que la Cité est nécessairement divisée en deux factions hostiles, les riches et les pauvres. De là, l'impossibilité de faire la guerre, car si les riches seuls y prennent part, l'armée est trop peu nombreuse, et si les pauvres sont soldats, ils peuvent devenir plus redoutables aux riches que l'ennemi même. De plus, le même citoyen y fait plusieurs métiers, ce qui est la ruine du bon ordre et de l'harmonie. Enfin, et c'est là le plus grand mal, chacun ayant la liberté de se défaire de son bien, et de rester dans l'État sans y avoir aucun emploi, fût-ce de laboureur ou d'artisan, il se forme peu à peu une classe d'oisifs sans ressources, frelons à deux pieds : les uns, sans aiguillons, qui vivent et meurent dans l'indigence; les autres, turbulents, audacieux, armés d'aiguillons très piquants, prêts à tous les crimes, et que contient à grand'peine la surveillance des magistrats.

Quant à l'homme oligarchique, il est le fils de l'homme timocratique. Il veut d'abord imiter son père; mais celui-ci, victime de son ambition, s'est brisé contre l'État, comme un vaisseau contre un écueil. Un tel exemple effraye le jeune homme : humilié de son indigence, il ne songe plus qu'à s'enrichir, et, à force de sordides épargnes, il y réussit. Alors, sur le trône de son âme, d'où il a chassé l'ambition, il fait monter l'avarice et l'établit « son grand roi; » sa raison, son courage, il les met entièrement au service de cette vile passion. Après un tel changement, il ressemble en tout à l'oligarchie, plaçant la richesse au-dessus de tout, n'accordant à la nature que la satisfaction des désirs nécessaires, ne songeant qu'à thésauriser, s'appropriant le bien d'autrui quand il peut le faire impunément, car les désirs du caractère des frelons s'agitent dans son âme, et la crainte seule l'empêche de s'y livrer. Il est en proie aux discordes intestines; généralement, les bons désirs l'emportent chez lui sur les mauvais, et les dehors sont d'un homme modéré et maître de lui-même. Mais la vertu d'une âme qui possède l'harmonie et l'unité est bien

loin de lui. Ménager de son argent quand il s'agit de ces
luttes entre concitoyens où l'honneur est le prix de la victoire, il a presque toujours le dessous; mais il s'en soucie
peu, pourvu qu'il s'enrichisse.

Passons à la démocratie. Comment se forme-t-elle ?
Évidemment, de l'oligarchie. Poussés par l'insatiable amour
des richesses, les chefs oligarchiques achèvent de ruiner
les jeunes débauchés en favorisant leurs désordres, en
leur prêtant à gros intérêts. L'engeance des frelons pourvus d'aiguillons augmente; accablés de dettes, notés d'infamie, ces hommes, dans leur haine contre les riches qui
les ont dépouillés, ne songent plus qu'à provoquer une
révolution. De leur côté, les usuriers, uniquement préoc-
cupés de leur œuvre, et sans s'inquiéter des remèdes qui
pourraient arrêter le mal dont souffre l'État, laissent leurs
enfants se corrompre dans l'ignorance et la mollesse. Dans
toutes les occasions qui les mettent côte à côte avec ces
riches efféminés, les pauvres se comptent; le petit nombre,
la faiblesse de leurs adversaires, les enhardissent; bientôt
les sourdes dissensions engendrent une guerre ouverte,
soit que chacun des deux partis invoque le secours d'États
voisins, soit que la lutte éclate sans l'intervention de l'é-
tranger. Vainqueurs, les pauvres massacrent ou exilent les
riches, et se partagent le pouvoir: l'oligarchie est devenue
démocratie.

Le caractère de ce nouveau gouvernement, c'est la liberté illimitée : chacun y fait ce qu'il lui plaît et choisit
le genre de vie qui lui agrée davantage. Rien de plus sédui-
sant pour qui ne juge que par la surface : toutes les sortes
de gouvernements se trouvent dans celui-là; ils y sont
étalés comme dans un marché. Les criminels y sont traités
avec la plus grande douceur: exilés, condamnés à mort, se
promènent insolemment en public, bravant par leur atti-
tude les lois impuissantes. Toutes les saines maximes re-
latives à l'éducation qui doit former les magistrats sont
méprisées : on est accueilli, honoré, à la seule condition
d'afficher un grand zèle pour les intérêts du peuple [1].

L'homme démocratique se forme de l'oligarchique. Celui-
ci a un fils, qu'il élève à son image, et qui, à l'exemple de son

1. Allusion au gouvernement d'Athènes, au temps de Platon.

père, commence par réprimer en lui tous les désirs non
nécessaires, c'est-à-dire tous ceux dont la satisfaction
n'intéresse pas directement l'existence de l'individu : car
tel est le caractère essentiel de l'homme oligarchique.
Mais la fréquentation des frelons, chez qui dominent ces
désirs prodigues et superflus, ne tarde pas à éveiller en lui
les désirs de même nature. Son père, ses proches, s'effor-
cent, par conseils ou réprimandes, de porter secours à la
partie oligarchique de son âme; ils parviennent à se faire
écouter. Mais, s'il se corrige, ce n'est pas pour longtemps :
la mauvaise éducation qu'il a reçue laisse rentrer de nouveaux désirs, plus nombreux et plus forts, à la place de
ceux qu'une honte généreuse lui a fait chasser. Le voilà
retombé dans les mauvaises compagnies : d'autres désirs
naissent en foule de ce commerce clandestin. Ils s'emparent
enfin de la citadelle de son âme, vide de science, de bonnes
habitudes, de maximes vraies ; les opinions hasardées, les
maximes présomptueuses, s'installent en maîtresses, et, se-
condées de tous les désirs pernicieux, expulsent la tempérance, la modération, la frugalité, introduisent, richement
parés et la couronne sur la tête, l'insolence, l'anarchie, le
libertinage, l'effronterie, qu'elles décorent des plus beaux
noms. Dès lors, le jeune homme s'abandonne à tous ses
désirs, établissant entre eux une sorte d'égalité, satisfaisant
chacun à mesure qu'il se présente, sans distinguer ceux
qui sont nécessaires et légitimes de ceux qui sont criminels
et défendus.

Il vit ainsi au jour le jour, changeant sans cesse d'humeur, de dispositions, tantôt dissolu, tantôt sobre à l'excès[1],
aujourd'hui philosophe, demain homme d'État, guerrier ou
commerçant. Rien de réglé dans sa conduite; il se proclame
heureux, parce qu'il ne connaît aucune contrainte; et le
vulgaire admire un caractère où tous les caractères se
trouvent réunis, de même que tous les genres de gouvernements sont contenus dans le gouvernement démocratique.

Nous arrivons à la tyrannie. L'état démocratique devient
tyrannique par l'excès de liberté qui est son vice essentiel.
L'égalité s'établit partout entre les choses les plus inégales;

1. C'est probablement le portrait d'Alcibiade.
b.

les gouvernés ne veulent plus subir l'autorité des gouvernants, l'enfant celle de son père; les jeunes gens méconn-
naissent le respect dû aux vieillards, et ceux-ci affectent les
allures et la frivolité des jeunes gens. Il n'est pas jusqu'aux
animaux qui ne prennent des airs d'indépendance. De telles
mœurs accroissent nécessairement le nombre et l'audace
des frelons armés d'aiguillons. Alliés aux artisans beso-
gneux, fort nombreux dans la démocratie, ils dépouillent
les riches, et distribuent leurs biens au peuple, tout en
gardant la meilleure part. Les riches essayent de résister :
on les accuse d'être oligarchiques, et, poussés à bout, ils le
deviennent en effet. Le peuple confie ses intérêts à un chef :
voilà le futur tyran. Il le devient tout à fait quand il
commence à goûter au sang, à traîner ses adversaires au
supplice : c'est alors qu'il se change en loup. Les riches
conspirent contre lui : il se fait donner des gardes par le
peuple aveuglé. D'abord prodigue de belles promesses, il
flatte ce peuple qui l'a élevé et nourri; mais il consolide
sourdement sa puissance, détruisant quiconque lui porte
ombrage, entretenant toujours quelque guerre extérieure,
pour se rendre indispensable, exposer les plus braves aux
coups de l'ennemi, assurer sa grandeur par la misère universelle. Il faut qu'il périsse ou qu'il purge l'État de tous
les bons citoyens. — De plus en plus odieux, il ne peut
confier la garde de sa personne qu'à un ramassis d'esclaves
affranchis; il est réduit à en faire ses amis et ses fidèles.
Que penser après cela des poëtes tragiques, si prodigues
de louanges à l'adresse de la tyrannie? S'étonneront-ils
qu'on refuse de les recevoir dans la République idéale dont
nous traçons le plan?

Pour l'entretien de sa garde, le tyran dépouille d'abord
les temples; puis il s'adresse au peuple, ce père qui l'a
nourri; et si le peuple trouve mauvais que le fils vive aux
dépens de son père, s'il ne consent pas à devenir l'esclave
d'esclaves, le tyran ne se fera pas scrupule de lui faire violence et même de le frapper : le voilà parricide, c'est-à-
dire tyran achevé, et la servitude la plus dure, la plus
amère, succède pour le peuple, à la liberté illimitée.

IV. *Analyse des deux derniers livres de la* République.

Livre neuvième. — L'homme tyrannique, qui se forme
de l'homme démocratique, nous présente l'image achevée
de l'injustice et du malheur. Son âme est la proie de quelque amour honteux et criminel, au service duquel se
mettent tous les désirs inférieurs et grossiers, et nul forfait
ne lui coûte pour satisfaire son abjecte passion. Un tel
homme sera d'autant plus scélérat et malheureux, qu'il
sera plus puissant. Devenu en fait tyran de sa patrie, il la
livrera aux pires citoyens et la remplira de deuil et de
sang. Non seulement l'état tyrannique gémit dans le plus
dur esclavage ; le tyran lui-même est esclave autant qu'on
peut l'être : il tremble devant les misérables dont il a fait
ses satellites et devant les victimes de son despotisme et de
ses cruautés ; enfermé comme une femme au fond de son
palais, il n'ose en sortir par la crainte de la mort ; il en est
réduit à envier la liberté dont jouit le plus vil de ses sujets [1].

A l'âme tyrannique, opposons l'âme royale. Celle-ci est
la plus heureuse, parce qu'elle est la plus juste ; celle-là est
la plus malheureuse, parce qu'elle est la plus injuste et la
plus perverse. Donc la justice est inséparable du bonheur,
et l'injustice du malheur.

On peut encore démontrer cette vérité d'une autre manière. Il y a trois caractères d'homme, selon que domine
telle ou telle partie de l'âme : le philosophe, chez qui la
raison est maîtresse ; l'ambitieux, que gouverne le courage ; l'homme avide de gain, qui est esclave de l'avarice.
Chacun de ces hommes a ses plaisirs propres ; mais le philosophe seul peut décider de la supériorité de certains
plaisirs sur certains autres, parce que, seul, il possède le
jugement, la réflexion, la sagesse. Or, le philosophe estime
par-dessus tous les autres les plaisirs que donne la
sagesse, et met au dernier rang les voluptés de l'homme
sensuel et cupide. La vie du sage, conforme à la justice,
est donc en même temps la plus heureuse.

1. On a généralement reconnu dans ce portrait le tyran de
Syracuse, Denys l'Ancien.

Pour rendre plus sensible encore cette conclusion, remarquons que la plupart des plaisirs sont plutôt des cessations de douleur : car ils résultent de la satisfaction d'un besoin qui est une peine. Les aliments qui apaisent la faim du corps tiennent évidemment moins de la vérité et de l'être que la science, qui rassasie la faim de l'intelligence. Or, les plaisirs sont vrais et solides en proportion de la noblesse et de la réalité des objets qui procurent la satisfaction des besoins. Donc les plaisirs du philosophe sont supérieurs à ceux de l'homme sensuel, et la condition de l'homme juste est infiniment plus heureuse que celle de l'homme injuste.

Est-il vrai maintenant, comme le prétendait Thrasymaque, que l'injustice soit avantageuse au parfait scélérat, à la seule condition qu'il passe pour honnête homme ? Figurons-nous l'âme par la triple image d'un homme, d'un lion et d'un monstre à plusieurs têtes : dirons-nous qu'il lui est avantageux de nourrir le lion et le monstre en laissant l'homme s'affaiblir et mourir de faim [1] ?

D'autre part, dire que la justice est par elle-même utile, c'est dire que l'homme doit fortifier en lui-même cette partie raisonnable que figure la statue d'un homme, et, s'appuyant sur le courage du lion, dompter le monstre, empêcher ses têtes de croître, et les maintenir en parfaite intelligence entre elles et avec lui-même.

Donc la justice est utile en soi, quelle que soit d'ailleurs la réputation qui l'accompagne; et si l'on condamne l'insolence, l'humeur irritable, le libertinage, la flatterie, la bassesse, c'est parce que ces vices soumettent à l'empire du lion ou du monstre à plusieurs têtes l'homme qui est en nous.

Il en est de même dans l'État. Rien n'est plus avantageux aux artisans et aux manœuvres que d'obéir à l'homme juste, qui lui-même est gouverné immédiatement par la Divinité.

Soutiendra-t-on que l'injustice qui reste cachée et impunie

1. L'image de l'homme, c'est la raison (νοῦς); celle du lion, c'est le courage (θυμός); celle du monstre à plusieurs têtes, c'est la passion sensuelle (ἐπιθυμητικόν).

est utile ? Mais l'impunité rend le méchant plus méchant encore ; la punition, au contraire, apaise la partie animale et rend à l'âme l'harmonie et la santé.

L'homme sage doit donc avoir pour but unique de maintenir l'équilibre de son âme ; il ne recherchera les biens du corps, santé, force, beauté, richesse, qu'en vue de rendre son âme meilleure et plus parfaite, et ne consentira à diriger les affaires que dans la République idéale, dont le plan a été tracé.

Livre dixième. — Platon revient ici sur ce qu'il a dit au second et au troisième livre relativement aux effets que produisent les fables des poètes dans l'âme des enfants.

Il y a dans chaque objet trois choses à considérer : l'idée générale, type éternel de tous les êtres particuliers qui portent le même nom ; puis l'objet particulier ; enfin, l'image de cet objet, qui lui-même n'est qu'une représentation, une imitation de l'idée. Ainsi, on doit distinguer trois lits : le lit idéal ; c'est Dieu qui en est l'auteur ; le lit particulier et visible, œuvre du menuisier ; le lit que représente le peintre sur un tableau. Cette image, comme toutes celles qui reproduisent non les choses telles qu'elles sont en soi, mais les objets sensibles qui n'existent qu'en apparence, est éloignée de la réalité de trois degrés. Or, que font les poètes, sinon des imitations d'apparences ? Ils ignorent les choses en soi, la science, la vertu, et ne présentent que des fantômes de ces réalités, mensongères elles-mêmes, qu'ils observent ici-bas.

La poésie, qui est une imitation pour l'ouïe, est ainsi, comme celle qui est faite pour la vue, éloignée de trois degrés de la réalité. Elle parle aux facultés d'illusion et d'erreur, à l'imagination et aux sens : elle est donc mauvaise en soi, et, s'adressant à ce qu'il y a de mauvais en nous, elle ne peut produire que des effets mauvais.

Par la peinture qu'ils nous font des passions, Homère et les autres poètes réveillent en nous la partie déraisonnable de notre âme. Ils excitent notre sympathie par les gémissements et les lamentations de leurs héros, et affaiblissent ainsi notre courage, qui doit se raidir contre les infortunes réelles. La comédie n'est pas moins pernicieuse en excitant le rire : elle compromet dans l'âme l'empire de la raison. Ainsi la poésie imitative, au lieu de dessécher peu à peu les passions, les nourrit et les arrose, et par là nous rend vicieux et malheureux. N'a-t-on pas bien fait de bannir de l'État Homère et les tragiques qui suivent ses traces? On n'admettra en fait de poésie que les hymnes en l'honneur des dieux et les éloges des grands hommes. Recevoir la muse voluptueuse et passionnée, ce serait faire régner dans la République le plaisir et la douleur à la place des lois et de la raison. Or, ni la gloire, ni les richesses, ni les dignités, ni enfin la poésie, ne méritent que nous négligions pour elles la justice et les autres vertus.

Il reste à parler des récompenses qui sont réservées à l'homme juste et vertueux. Ici, Platon établit rapidement l'immortalité de l'âme sur plusieurs preuves qui diffèrent peu de celles qui sont exposées dans le *Phédon* [1]. L'âme juste peut donc espérer des récompenses, non seulement en ce monde, mais encore dans l'autre. Même ici-bas, les dieux chérissent et protègent l'homme de bien, et s'il en reçoit quelques maux, c'est en expiation des fautes commises dans une vie passée. Les hommes, quoique sujets à l'erreur, accordent aussi à la vertu l'estime et les honneurs dont elle est digne. Quant aux fourbes et aux scélérats, il leur arrive la même chose qu'à ces athlètes « qui courent fort bien en partant de la barrière, mais qui ne courent plus de même lorsqu'il faut y revenir. Ils s'élancent d'abord avec rapidité; mais sur la fin de la course on se moque d'eux lorsqu'on les voit, les oreilles entre les épaules, se retirer précipitamment sans être couronnés, au lieu que les véritables coureurs arrivent au but, remportent le prix et reçoivent la couronne. »

Mais les récompenses de cette vie ne sont rien auprès de celles qui attendent la vertu dans l'autre. Ici commence ce beau récit que Platon met dans la bouche d'Er, l'Arménien, tué dans une bataille, et, selon la légende, miraculeusement ressuscité. Er raconte ce qu'il a vu dans l'autre monde, le jugement des âmes, les supplices des criminels

---

1. Voir pour l'exposition méthodique de ces preuves et les critiques dont elles peuvent être l'objet notre traduction du *Phédon*, Introduction.

et des tyrans, les merveilleux spectacles qui s'offrent aux âmes vertueuses pendant leurs pérégrinations à travers le ciel, enfin la scène solennelle où chacune fait choix d'une condition avant de reprendre un corps et de recommencer une nouvelle existence ici-bas.

De graves paroles, empreintes d'une religieuse espérance, terminent l'œuvre remarquable que nous venons d'analyser. « Persuadés que l'âme est immortelle, et qu'elle est capable, par sa nature, de tous les biens comme de tous les maux, nous marcherons sans cesse par la route qui conduit en haut, et nous nous attacherons de toutes nos forces à la pratique de la justice et de la sagesse, afin que nous soyons en paix avec nous-mêmes et avec les dieux, et que, durant cette vie terrestre, et quand nous aurons remporté le prix destiné à la vertu, comme des athlètes victorieux qu'on mène en triomphe, nous soyons heureux ici-bas et dans ce voyage de mille années que nous venons de raconter. »

V. *Appréciation du huitième livre de la* République.

Par la finesse des analyses, et la vigueur des descriptions, le huitième livre est un des plus remarquables du dialogue : l'importance des idées philosophiques ne le cède en rien au mérite littéraire ; sans prétendre épuiser le sujet, nous nous contenterons d'apprécier rapidement les principales doctrines qui se trouvent indiquées ou développées dans cette partie du grand ouvrage de Platon.

I. *Identité de la morale et de la politique. Parallèle entre l'individu et l'État.* — Le principe fondamental de la République c'est que la justice seule peut assurer le bonheur de l'individu, et c'est pour établir cette grande vérité que Platon cherche dans l'État une image agrandie de la justice et du bonheur dont elle est la condition nécessaire. Il s'ensuit que la morale, qui enseigne ce que c'est que la justice et la vertu (et l'on sait que pour Platon, la science du bien ne se sépare pas de la pratique du bien) se confond avec la politique ; grande vérité, trop souvent méconnue depuis ! La vertu des citoyens peut seule assurer la grandeur et la prospérité de l'État. Ni les succès d'une

diplomatie peu scrupuleuse, ni l'accumulation des richesses, ni la puissance militaire mise au service de l'esprit de conquêtes, ne doivent être l'objet principal des
gouvernants; la plus grande habileté, c'est encore la fran-
chise; l'amour insatiable de l'argent corrompt les mœurs
et fait naître les dissensions intestines; les guerres injustes
provoquent des haines implacables, et aboutissent bien
souvent à la ruine du vainqueur. La même morale doit
régler la conduite de l'homme public comme celle de
l'homme privé, et c'est l'honneur de Platon d'avoir réfuté
et flétri par avance les tristes théories de Machiavel.

Malheureusement, s'il a déterminé d'une manière admirable le but élevé que doit poursuivre l'homme d'État, il
s'est trompé sur les moyens les plus propres à l'atteindre.
Méconnaissant le libre arbitre, dans l'ordre psychologique,
il méconnaît par là même la liberté dans l'ordre civil et
politique, il prétend étouffer jusqu'aux sentiments de
famille, que, par la plus étrange des aberrations, il considère comme une source d'égoïsme; il supprime la propriété, pour détruire l'avarice, principe de toute corruption. Non seulement il fait violence aux instincts les plus
légitimes et les plus puissants du cœur humain ; il va
directement contre le but qu'il se propose. N'est-ce pas, en
effet, à l'école des vertus domestiques que se forme et gran-
dit le patriotisme? L'amour de la propriété n'imprime-
t-il pas une impulsion féconde à l'activité individuelle,
qui rayonne ensuite et se répand dans les directions les
plus diverses ? Qu'est-ce enfin que cette surveillance
jalouse qu'il fait peser sur l'art, particulièrement sur la
poésie épique et dramatique, sinon la destruction même
de la spontanéité du génie?

Dans la République de Platon, les droits les plus sacrés
du citoyen sont impitoyablement sacrifiés à ceux de
l'État. Son idéal de gouvernement, c'est celui de magistrats philosophes, pensant et voulant pour tous, assor-
tissant les unions, déterminant l'époque des mariages et
le nombre des enfants. Une pareille tyrannie, pour être
celle des meilleurs, n'en serait pas moins intolérable. Elle
ferait de tout un peuple un troupeau docile, sans initia-
tive, sans responsabilité, partant sans vertu. Car la vertu
n'est pas là où n'est plus la liberté. Quelques philosophes

contemporains ont essayé de faire revivre cette chimère malsaine d'une théocratie de savants: ils succombent sous les mêmes critiques.

Pour plier les citoyens aux exigences monstrueuses de la constitution qu'il prétend établir, Platon compte beaucoup sur l'éducation, et le plan qu'il trace de celle-ci est par bien des côtés admirable. Mais il s'abuse grossièrement quand il croit que l'éducation a la puissance de renouveler de fond en comble la nature humaine. Tout ce qu'elle peut faire, c'est d'en développer ou modifier les tendances essentielles, mais non de les détruire. Et ainsi reparaîtront fatalement, d'autant plus énergiques qu'ils auront eu à lutter contre une plus dure contrainte, les instincts que le législateur aura eu la prétention d'étouffer. Une difficulté considérable, dans la théorie platonicienne, c'est de savoir comment s'opérera le discernement de ceux qui sont appelés à gouverner l'État. Platon imagine le mythe des races formées de métaux différents, or, argent, fer, airain. C'est donc par une sorte de privilège, ou de fatalité héréditaire, que les uns doivent commander, les autres obéir; et ceci ressemble fort au régime des castes. Platon, il est vrai, confesse qu'une âme d'or ou d'argent peut sortir de la classe des artisans, et réciproquement; mais c'est là une exception, et le discernement n'en devient que plus difficile. Il faut admettre qu'à l'origine, le législateur, par une sagacité surnaturelle, saura reconnaître infailliblement le métal précieux ou vil dont chacun est formé, et que, dès la première génération, les magistrats, institués et formés par lui, posséderont la même sûreté de coup d'œil, pour la transmettre eux-mêmes à ceux que l'éducation aura rendus capables de leur succéder. La vertu même des chefs n'est donc en définitive qu'une condition, encore assez secondaire, de l'existence de la Cité parfaite, et le vrai principe de la justice, comme du bonheur, dans la République, c'est une sorte de grâce divine, qui inspire au législateur le choix de ceux qui sont prédestinés au pouvoir : grâce qu'il doit léguer intacte à ses successeurs, sous peine d'une décadence irrémédiable de l'État. Que nous sommes loin de la réalité et de la vérité !

II. *Théorie de la décadence nécessaire des États.* — On comprend par ce qui précède comment cette théorie s'imposait logiquement à Platon. La sagesse de son législateur tient du miracle; et il n'est pas dans la nature du miracle de se répéter fréquemment. Les magistrats qu'il aura établis ne le vaudront pas; ceux qui viendront après eux vaudront moins encore. La vertu étant en partie affaire de prédestination ou de prédisposition héréditaire, la race d'or des magistrats sera soumise, comme les races des plantes et des animaux, à la loi de la dégénérescence. Cette loi, que Platon énonce sans la prouver, et qu'il n'appuie que sur quelques considérations mystiques, est-elle vraie pour les races animales et végétales ? Quelques savants contemporains inclinent à le penser[1]; mais il semble bien qu'elle ne saurait s'appliquer à la race humaine prise dans son ensemble : tout démontre, au contraire, que là, c'est le progrès qui est la loi. Il serait sans doute dangereux et inexact de proclamer le progrès nécessaire; il n'est peut-être qu'un fait d'expérience; mais ce fait est indiscutable aux yeux du philosophe comme à ceux de l'historien.

Tout au plus pourrait-on prétendre que les nations, comme les individus, ont leur période de jeunesse, de maturité, de décadence ou de vieillesse, et sont condamnées, même en l'absence de toute cause extérieure de destruction, à une mort inévitable. Mais ce parallélisme qu'on prétend établir entre la vie des peuples et celle des individus ne repose que sur de trompeuses et superficielles analogies. « Ce n'est que par une pure métaphore, dit excellemment M. Robert Flint, que l'on parle de la naissance d'une nation, ou de ce qu'une nation, à sa naissance, apporte avec elle dans le monde. Dans une certaine mesure, une nation naît chaque jour. Elle se renouvelle continuellement. Chaque homme nouveau apporte avec soi un petit contingent, chaque génération nouvelle un contingent considérable à la masse de force vitale d'une nation, et d'un siècle à l'autre restent ouvertes les sources du progrès intellectuel et moral. C'est une erreur d'attri-

1. Voyez un article de M. Naudin, *Revue scientifique*, 6 mars 1875, page 840.

buer à une existence collective, dont les parties changent
incessamment par substitution, un caractère qui convient
à un être individuel, parce que les parties de celui-ci se
développent continuellement par croissance. En fait, les
nations meurent non par l'action de quelque loi fatale,
mais parce qu'elles rejettent la vie. Même quand elles sont
au   bas, on peut leur jeter cet appel: Pourquoi voulez-
vous mourir ¹? » Mais Platon niait le libre arbitre : il ne
pouvait admettre, en conséquence, qu'une société, pas plus
qu'un individu, pût se régénérer elle-même. Il est à remarquer, d'ailleurs, que l'idée de progrès fut à peu près étran-
gère aux anciens. Par une illusion, peut-être assez naturelle, et dont les modernes eux-mêmes commencent à peine
à s'affranchir, ils plaçaient toute sagesse, toute vertu, tout
bonheur, dans les temps qui étaient pour eux l'antiquité.
Les descendants valent moins que les ancêtres : l'humanité a commencé par l'âge d'or. Mieux instruits par une
plus longue histoire, nous sommes aujourd'hui disposés à
renverser cet ordre et à placer l'âge d'or, non plus derrière, mais devant nous.

III. *Théorie des formes de gouvernement. Comparaison avec
la théorie d'Aristote sur le même sujet.* — Platon distingue,
par ordre décroissant de perfection, cinq formes de gouvernement : l'aristocratie ou monarchie, la timocratie,
l'oligarchie, la démocratie (mieux appelée démagogie) et
la tyrannie. A chacune de ces formes correspond un caractère individuel : on sait enfin que la différence de ces
gouvernements comme de ces caractères est déterminée par
l'empire qu'exerce telle ou telle partie de l'âme, raison (νοῦς),
ardeur généreuse ou colère (θυμός), appétit concupiscible
(ἐπιθυμητικόν), et dans celui-ci telle ou telle classe d'appétits ². Cette succession des gouvernements était, dans une
certaine mesure, suggérée à Platon par l'histoire des cités
grecques. Presque toutes, en effet, avaient passé du régime
monarchique au régime oligarchique, et de l'oligarchie à la

1. *La Philosophie de l'Histoire en Allemagne*, page 387 de notre
traduction.
2. Qu'on nous permette de présenter ci-contre, sous forme
de tableau, cette classification fameuse :

démocratie. Chez plusieurs, la démocratie avait été remplacée, à son tour, par une tyrannie plus ou moins durable.

	Dans l'individu.	Dans l'État.		
Ame humaine trois parties (τρία μέρη τῆς ψυχῆς)	Νοῦς, raison, faculté intuitive qui élève l'âme à la contemplation des idées.	Rois ou magistrats philosophes (race d'or).	1. Aristocratie ou monarchie, gouvernement idéal où dominent des rois ou magistrats philosophes (le plus heureux de tous parce qu'il est le plus juste)	Ame aristocratique, celle où domine la raison (philosophe); (la plus heureuse parce qu'elle est la plus juste).
	Θυμός, ardeur généreuse, colère, sensibilité supérieure, obéissant aux ordres de la raison (appétit irascible).	Les guerriers (race d'argent).	2. Timocratie, gouvernement où les chefs sont ambitieux, plus portés à la guerre qu'à la paix, plus amis de la gymnastique que de la musique (Sparte).	Ame timocratique, celle où domine le θυμός (l'ambitieux)
			3. Oligarchie, gouvernement où les riches seuls commandent (ploutocratie).	Ame oligarchique, celle où dominent les désirs nécessaires (l'avare).
	'Επιθυμητικόν, les appétits, les tendances inférieures de la sensibilité (appétit concupiscible; deux sortes de désirs: nécessaires et non nécessaires).	Les artisans (races de fer et d'airain).	4. Démocratie, gouvernement où les artisans sont les maîtres; liberté illimitée (Athènes au temps de Platon).	Ame démocratique, celle qui s'abandonne indistinctement à tous ses désirs (Alcibiade).
			5. Tyrannie, gouvernement où le chef choisi par le peuple pour le défendre contre les riches, finit par faire peser sur tous la plus lourde servitude (excès du malheur et de l'injustice dans l'État).	Ame tyrannique, celle où un désir honteux et criminel domine absolument (la plus malheureuse parce qu'elle est la plus injuste) (Denys le Tyran).

Les causes par lesquelles Platon explique ces changements, sont également vraies, au moins en partie : il est certain que l'orgueil, l'avidité, l'égoïsme des classes privilégiées, provoquent presque toujours un soulèvement populaire qui substitue violemment le gouvernement de tous à celui de quelques-uns. On ne saurait douter non plus que l'extrême licence n'ait pour résultat inévitable l'établissement d'un pouvoir despotique. L'histoire grecque n'est pas la seule à en fournir des exemples, et l'analyse merveilleusement sagace, que Platon présente au huitième livre, des causes qui amènent les révolutions, renferme des leçons admirables, qui sont de tous les temps.

Mais ce qu'il est permis de contester, c'est la supériorité qu'il attribue à telle forme de gouvernement à l'égard de telle autre. Aristocrate et partisan zélé du passé, Platon parle de la démocratie athénienne en termes d'une criante injustice : il n'a que défiance et dédain pour le plus grand nombre. Il n'a pas soupçonné un instant que de tous les régimes politiques, le plus équitable est, en définitive, celui qui garantit dans la plus large mesure l'égalité naturelle de tous les hommes en tant qu'hommes, sauvegarde tous les droits et assure à chacun la plus grande somme de liberté possible sous le contrôle et la protection de la loi : je veux dire la République démocratique, ou le gouvernement de la nation par elle-même.

Sachons gré cependant à Platon de l'éloquente flétrissure dont il marque la tyrannie. Sa conscience d'honnête homme, de moraliste, semble puiser un surcroît d'indignation dans le souvenir des maux qu'il a soufferts à la cour de Syracuse.

Signalons enfin, sans insister, dans la théorie politique et sociale de Platon, un défaut qui lui est commun, d'ailleurs, avec tous les sages de l'antiquité[1]: c'est le mépris du commerce, de l'industrie, du travail manuel, par suite, de la richesse, dont ils sont les sources les plus fécondes. La philosophie, la guerre, le maniement des affaires publiques, voilà pour Platon les seules occupations dignes d'un homme libre. Quant à la richesse, elle est la principale cause de corruption pour les citoyens, aussi bien que pour

---

1. A l'exception de Socrate. Voy. *Mémorables*, liv. II, ch. VII.

les États. « L'or et la vertu ne sont-ils pas, en effet, comme deux poids mis dans une balance, dont l'un ne peut monter sans que l'autre baisse? » La démocratie moderne tient justement en honneur toutes les manifestations légitimes de l'activité humaine : elle a relevé de son antique discrédit le travail des mains, condition de dignité, de bien-être, et, par le bien-être, d'indépendance et de moralité. Elle apprécie à sa valeur la part immense du commerce et de l'industrie dans la prospérité des États. Instruite par la science économique, dont l'accord essentiel avec la morale est aujourd'hui démontré, elle sait, enfin, que la richesse, loin d'être une cause nécessaire de dépravation, embellit la vie, adoucit les mœurs, contribue puissamment au progrès et à la diffusion des lumières, et qu'il est du devoir des particuliers, comme des peuples, de la poursuivre par tous les moyens honorables. En un mot, selon la théorie de M. Herbert Spencer, elle tend de plus en plus à substituer, dans l'ordre social, au type militaire et au régime de contrainte, dont la République de Platon nous présente un modèle achevé, le type industriel et pacifique, qui, par la diminution graduelle des attributions de l'État, favorise dans la plus large mesure la libre expansion de toutes les énergies individuelles.

IV. *Comparaison de la théorie des gouvernements dans Platon et dans Aristote.* — On sait qu'au livre II de sa *Politique,* Aristote a fait la critique la plus pénétrante, et presque toujours la plus exacte, de la République de Platon. Il a proposé une théorie des gouvernements et des révolutions qu'il n'est pas sans intérêt de comparer à celle de son maître.

Unissant dans une heureuse harmonie la méthode *a priori* de Platon et la méthode expérimentale qui a presque partout ailleurs ses préférences exclusives, Aristote commence par rechercher à qui appartient *en droit* la souveraineté, et il se prononce sans hésitation pour la solution la plus large : la souveraineté doit appartenir à la multitude. « La majorité, dont chaque membre, pris à part, n'est pas un homme remarquable, est cependant au-dessus des hommes supérieurs, sinon individuellement, du moins en masse, comme un repas à frais communs est

plus splendide que le repas dont un seul fait la dépense. »
On objecte, il est vrai, que dans tous les arts, c'est l'artiste
qui semble le meilleur juge, et non la multitude; mais, répond Aristote, celui qui peut le mieux apprécier la commo-
dité de la maison, ce n'est pas l'architecte, c'est celui qui
l'habite : c'est le convive, non le cuisinier, qui juge le fes-
tin. De même pour la vertu politique : elle appartient en
commun à la masse des citoyens. Enfin, la multitude vaut
mieux, en général, que les individus : ainsi, l'eau est d'autant plus incorruptible qu'elle est en plus grande masse.

Pourtant, le principe de la souveraineté de tous ne va
pas pour Aristote sans quelques restrictions. Il déclare
d'abord qu'il n'entend pas parler d'une populace cruelle,
ignorante, dépravée; de plus, il veut q'on n'attribue au
grand nombre qu'une participation générale dans les
affaires publiques, en les soumettant à ses délibérations :
quant aux magistratures importantes, qui exigent des
qualités exceptionnelles, la multitude en doit être exclue.
Il prétend également qu'on tienne compte de tous les élé-
ments de supériorité, fortune, noblesse, mérite. Enfin, une
réserve formelle est faite en faveur des hommes de génie.
« Ce serait leur faire injure que de les réduire à l'égalité
commune, quand leur mérite et leur importance politique
les mettent si complètement hors de comparaison.... La
loi n'est point faite pour ces êtres supérieurs; ils sont eux-
mêmes la loi. Il serait ridicule de tenter de les soumettre à
la constitution : car ils pourraient répondre ce que, suivant
Antisthène, les lions répondirent au décret rendu par
l'assemblée des lièvres sur l'égalité générale des animaux. »
A de tels hommes, la royauté à vie, ou, si la constitution
s'y oppose, l'ostracisme.

Il ne faudrait pas conclure de ce passage et de quelques
autres qu'Aristote ait été partisan de la tyrannie. Il se borne
à constater un fait, c'est que, dans certaines circonstances
exceptionnelles, les peuples peuvent juger qu'il est de leur
intérêt d'abdiquer momentanément entre les mains d'un
grand homme. Mais il eût été digne d'Aristote de protester
contre ce prétendu droit du génie, menace perpétuelle pour
les libertés publiques, excuse toujours prête pour les
attentats d'ambitieux sans scrupules.

Si, en principe, la souveraineté appartient à tous, dans

la réalité elle est tantôt à tous, tantôt à quelques-uns, tantôt à un seul. De là trois formes essentielles de gouvernement, la royauté, l'aristocratie, la république. A chacune d'elles répond une forme qui en est la déviation ou la corruption : ce sont la tyrannie, l'oligarchie, la démocratie (mieux démagogie). Le principe de distinction entre les formes pures et les formes corrompues, c'est que, dans les premières les chefs n'ont en vue que l'intérêt général, tandis que dans les secondes, les gouvernants, qu'il s'agisse d'un seul, de plusieurs ou de tous, ne considèrent que leur intérêt particulier.

Nous ne pouvons suivre Aristote dans l'étude de chacune de ces formes en particulier. S'il n'a pas de préventions contre la monarchie, lui, l'ami de Philippe et le précepteur d'Alexandre, il ne semble pourtant en admettre la légitimité qu'à titre exceptionnel; il rejette entièrement la royauté absolue, et l'on dirait que les vigoureuses objections qu'il élève contre elle s'adressent surtout à la République de Platon. Il se prononce aussi avec force contre le principe de l'hérédité. S'il ne repousse *a priori* aucun mode de gouvernement, s'il a bien vu que la valeur de chacun dépend surtout des habitudes, des mœurs, des traditions, de l'état social, il n'en reste pas moins fidèle au principe qu'ils sont d'autant meilleurs qu'ils sont plus favorables à la liberté, à l'égalité, c'est-à-dire à la justice; ces conditions lui paraissent devoir se rencontrer surtout dans un gouvernement qui, combinant harmonieusement les trois formes pures, serait à la fois monarchique, aristocratique et démocratique.

Pour Aristote, comme pour Platon, ce qui conserve les États, c'est l'éducation publique; mais ils portent en eux des causes de destruction que l'auteur de la *Politique* détermine avec une sagacité au moins égale à celle de son maître. Connaître ces causes, c'est connaître en même temps les moyens de les prévenir et de les combattre.

Deux principes sont également vrais, selon Aristote : le premier, nous l'avons vu, c'est que l'égalité politique doit exister entre tous les citoyens, que tous ont les mêmes droits; l'autre, c'est que l'inégalité de mérite entraîne nécessairement une inégalité dans le partage des honneurs et dans les fortunes. Donc l'égalité et l'inégalité sont toutes deux naturelles, et rien n'est plus difficile que de maintenir entre elles un juste tempérament. Tantôt l'égalité est en excès, tantôt c'est l'inégalité. De là deux sources de révolutions, les unes provoquées par les vices d'une inégalité arbitraire, les autres, par ceux d'une égalité absolue. Dans le premier cas, l'aristocratie ou l'oligarchie se change en démocratie ; dans le second, la démagogie devient oligarchie. Toute révolution est ainsi une revendication plus ou moins fondée soit en faveur de l'égalité légitime, soit en faveur de l'inégalité qu'impliquent les différences de fortune ou de talent.

La cause première et fondamentale des révolutions étant l'abus du principe sur lequel repose le gouvernement, il faut, pour les éviter, se prémunir contre les excès de ce principe, ne pas aller trop loin dans un seul et même sens.

Mais on peut déterminer des causes plus particulières, selon la nature des gouvernements. Ainsi, les démocraties ou républiques périssent d'ordinaire par le soulèvement des meilleurs, qui n'obtiennent pas la part d'influence à laquelle ils ont droit. Aussi le principal remède au mal qui menace les démocraties, c'est que celles-ci tiennent largement compte des supériorités inévitables. Les démagogues déclament contre les riches; ils devraient faire tout le contraire. Demander le partage des biens ou des produits, c'est conduire presque infailliblement les républiques à leur ruine et préparer les voies soit à l'oligarchie, soit à la tyrannie.

Les oligarchies et les aristocraties sont exposées à des causes de destruction toutes différentes. Ou bien la multitude opprimée se soulève; ou bien le signal de la révolte est donné par quelques riches exclus des honneurs, parfois une partie des gouvernants eux-mêmes s'insurge contre l'autre. Elles périssent quand le pouvoir se concentre en un trop petit nombre de mains. Alors naissent les guerres intestines, les brigues, les accusations de péculat. Il peut arriver que ces deux formes de gouvernement se modifient insensiblement au point d'aboutir à la démocratie : c'est lorsque le nombre des censitaires suit une naturelle et lente progression.

Les remèdes qui peuvent sauver les aristocraties et les oligarchies sont, en conséquence, de ménager les pauvres, de leur laisser les fonctions rétribuées, en réservant aux riches les fonctions gratuites; d'afficher une sollicitude marquée pour la classe qui ne participe pas au pouvoir, de faire en sorte que le nombre de ceux qui ont intérêt au maintien du gouvernement soit le plus grand possible.

La royauté est analogue à l'aristocratie: les mêmes dangers la menacent, les mêmes précautions peuvent conjurer sa ruine. Enfin la tyrannie est ordinairement renversée par la haine et le mépris universels.

On voit, sans qu'il soit besoin d'insister, que cette théorie des révolutions ne diffère pas essentiellement de celle de Platon; il est à remarquer cependant qu'elle ne présente pas ce caractère de fatalisme historique que nous avons dû signaler dans le huitième livre de la *République*. La classification des gouvernements proposée par Aristote est également, semble-t-il, plus simple et plus nette que celle qui est adoptée par Platon. En général, la politique d'Aristote est toute pénétrée d'un esprit libéral, dont on chercherait vainement la trace dans l'œuvre de son maître : par son sens profond de la réalité, son respect des droits individuels, ses admirables revendications en faveur de la famille et de la propriété, il mérite d'être compté au rang des plus illustres instituteurs de la démocratie moderne. Mais n'oublions pas que, malgré ses chimères et ses erreurs, Platon a, le premier, rattaché la justice à un principe absolu, et proclamé l'identité de la morale et de la politique ; cela suffit pour que son œuvre balance celle de son disciple dans l'admiration de la postérité.

FIN DE L'INTRODUCTION.

TABLE DES CHAPITRES.

—•◦•—

PLATON

LA RÉPUBLIQUE

LIVRE VIII.

CHAPITRE I. — *Retour sur les conditions d'existence de la Cité parfaite. Énumération des formes imparfaites de gouvernement.*

« C'est donc une chose reconnue entre nous, mon cher Glaucon, que, dans un État bien gouverné, tout doit être commun, les femmes, les enfants, l'éducation, les exercices qui se rapportent à la paix et à la guerre ; et qu'il faut lui donner pour chefs des hommes consommés dans la philosophie et dans la science des armes [1]. — Oui. — Nous sommes convenus aussi que, après leur institution, les chefs iront, avec les guerriers qu'ils commandent, habiter dans des maisons telles que nous avons dit [2], communes à tous, et où personne n'aura rien en propre. Outre le logement, tu te rappelles peut-être ce que nous avons réglé sur les acquisitions de ces guerriers. — Oui. Je me souviens que nous n'avons pas jugé à propos qu'aucun d'eux eût la propriété de quoi que ce soit, comme les guerriers d'aujourd'hui ; mais que, se regardant comme autant d'athlètes destinés à combattre et à veiller pour le bien public, ils devaient pourvoir à leur sûreté et à celle de leurs conci-

---

1. Cousin conjecture qu'il y a ici une allusion aux rois de Lacédémone, qui étaient en même temps les chefs des soldats.
2. A la fin du livre III. Les guerriers ne doivent pas avoir de maisons qui leur appartiennent en propre, et où tout le monde ne puisse entrer.

toyens, et recevoir des autres, pour prix de leurs services, ce qui leur était nécessaire chaque année pour leur nourriture[1]. — Bien. Mais, puisque nous avons tout dit sur ce point, rappelons-nous l'endroit où nous en étions, lorsque nous sommes entrés dans cette digression, et reprenons la suite de notre entretien.

—Il est aisé de le faire. Tu semblais, comme maintenant, avoir épuisé ce qui regarde l'État, et tu disais qu'un État, pour être parfait, devait ressembler à celui que tu venais de décrire; que l'homme de bien était celui qui ressemble à cet État, quoiqu'il te parût possible de donner de l'un et de l'autre un modèle encore plus beau[2]. Mais, ajoutais-tu, si cette forme de gouvernement est bonne, toutes les autres sont défectueuses. Autant qu'il m'en souvient, tu en comptais quatre espèces, dont il était à propos de parler et d'examiner les défauts, en examinant aussi les individus semblables à chacune de ces espèces, afin que, après les avoir considérés, et être tombés d'accord sur celui qui est le meilleur, et sur celui qui est le pire, nous fussions en état de juger si le premier est le plus heureux, et le second le plus malheureux des hommes, ou si la chose est autrement. Et dans le moment où je te priais de me nommer ces quatre sortes de gouvernements, Adimante et Polémarque nous interrompirent et t'engagèrent dans la digression qui vient de finir. — Ta mémoire est très fidèle.

—Fais donc comme les athlètes: donne-moi encore la même prise, et réponds à la même question, ce que tu avais dessein de répondre alors. — Si je puis. — Je désire savoir quels sont ces quatre gouvernements dont tu parlais. — Je n'aurai pas de peine à te satisfaire: ils sont très connus tous quatre. Le premier, le plus vanté par

1. Les guerriers doivent recevoir des autres citoyens la nourriture qui leur est nécessaire, comme un salaire de leurs services, et ils n'accepteront ni plus ni moins qu'il ne leur en faut pour les besoins de l'année (liv. III, à la fin).

2. Livre VI, vers la fin. Il s'agit du modèle idéal, intelligible, de la Cité et de l'individu; modèle que le philosophe contemple, et à l'imitation duquel il institue l'État et forme l'individu parfait (relativement aux conditions terrestres) dont il a été question aux livres précédents.

le vulgaire, est celui de Crète et de Lacédémone[1]. Le second, que l'on met aussi au second rang, est l'oligarchie, gouvernement rempli d'un grand nombre de maux. Le troisième, opposé au second, et qui vient immédiatement après[2], est la démocratie. Vient enfin cette belle chose, la tyrannie, qui ne ressemble à aucun des trois autres gouvernements, et qui est la quatrième et la plus grande maladie d'un État. Peux-tu me nommer quelque gouvernement qui ait une forme propre et distincte? car les souverainetés et les royautés vénales[3], et autres semblables, sont en quelque sorte intermédiaires entre les gouvernements dont j'ai parlé, et on n'en trouve pas moins chez les Barbares que chez les Grecs. — Il y en a, en effet, d'étranges et en grand nombre.

CHAPITRE II. — *Rapport entre les diverses formes de gouvernement et les divers caractères d'individus.*

— Tu sais donc, n'est-ce pas, qu'il y a nécessairement autant de caractères d'hommes que d'espèces de gouvernements. Crois-tu, en effet, que les sociétés se forment de chênes[4] et de rochers, et non pas des mœurs de chacun des membres qui les composent, mœurs qui entraînent

1. Aristote ne professe pas pour le gouvernement de Lacédémone le même dédain que Platon; il semble même incliner vers l'avis de ceux qui le considéraient comme le plus parfait, parce qu'il était une combinaison des trois formes pures, monarchie, aristocratie, démocratie (*Politique*, liv. II, ch. III).

2. Nous conservons ici le vague de l'expression grecque. Platon veut dire sans doute que la démocratie vient après l'oligarchie dans l'estime du plus grand nombre; peut-être aussi ne parle-t-il que d'un ordre de succession, comme on le verra par la suite.

3. On ne sait au juste ce que Platon entend par là.

4. Allusion à une ancienne tradition sur l'origine de l'humanité :

Gensque virum truncis et duro robore nata.

(Virg., *Énéide*, VIII, 315.)

pour ainsi dire tout le reste à leur suite [1]? — Les sociétés
ne peuvent se former d'ailleurs.

— Ainsi, puisqu'il y a cinq espèces de gouvernements,
il doit y avoir cinq caractères de l'âme qui leur répondent. — Sans doute. — Nous avons déjà traité du caractère qui répond à l'aristocratie, et nous avons dit avec
raison qu'il est bon et juste. — Oui. — Il nous faut par-
courir à présent les caractères vicieux, d'abord celui qui
est querelleur et ambitieux, formé sur le modèle du gouvernement de Lacédémone; ensuite les caractères oligarchique, démocratique et tyrannique. Quand nous aurons
reconnu quel est le plus injuste de ces caractères, nous
l'opposerons au plus juste; et nous examinerons à fond
dans quel rapport la justice et l'injustice sans mélange se
trouvent relativement au bonheur ou au malheur de ceux
qui les possèdent, pour décider s'il faut nous attacher à
l'injustice, suivant le conseil de Thrasymaque, ou, conformément au raisonnement que nous développons en ce moment, embrasser le parti de la justice. — Il faut faire
comme tu dis. — Comme nous avons déjà commencé par
examiner les mœurs dans l'État, avant que de les considérer dans les particuliers, parce qu'elles se manifestent
plus clairement dans le premier cas [2], ne devons-nous pas
considérer d'abord le gouvernement ambitieux (car je ne

1. Principe d'une grande vérité, et qui fonde l'identité de la
morale et de la politique.
2. « Si des personnes qui ont la vue basse, ayant à lire des
lettres écrites en petits caractères, apprenaient que ces mêmes
lettres se trouvent écrites ailleurs en gros caractères sur une
surface plus grande, il leur serait, je crois, très avantageux
d'aller lire d'abord les grandes lettres, et de les confronter ensuite avec les petites, pour voir si ce sont les mêmes... La justice
ne se rencontre-t-elle pas dans un homme et dans un État? —
Oui. — Mais un État est plus grand qu'un homme? — Sans
doute.— Par conséquent, la justice pourrait bien s'y trouver en
caractères plus grands et plus aisés à discerner. Ainsi, nous
rechercherons d'abord, si tu veux, quelle est la nature de la justice dans les États; ensuite nous l'étudierons dans chaque
homme, et nous reconnaîtrons en petit ce que nous aurons vu en
grand.» (*République*, liv. II, Trad. Cousin, t. IX, p. 86, 87).

sais quel autre nom lui donner qui soit usité, à moins
qu'on ne l'appelle *timocratie* ou *timarchie*); pour passer
ensuite à l'homme qui lui ressemble? Nous ferons la même
chose à l'égard de l'oligarchie et de l'homme oligarchique.
De là, après avoir jeté les yeux sur la démocratie, nous por-
terons nos regards sur l'homme démocratique. Enfin, nous
viendrons au gouvernement tyrannique : nous en examinerons la constitution; après quoi, nous verrons l'âme
tyrannique, et nous tâcherons de prononcer avec connaissance de cause sur la question que nous avons posée. — On
ne peut procéder avec plus d'ordre dans cet examen et
ce jugement.

CHAPITRE III. — *Cause du changement de l'aristocratie en*
timocratie.

— Essayons d'abord d'expliquer de quelle manière se peut
faire le passage de l'aristocratie à la timocratie. N'est-il pas
évident que les changements qui arrivent dans tout gouvernement politique ont leur source dans la partie qui
gouverne, lorsqu'il s'élève en elle quelque division ; et
que, quelque petite qu'on suppose cette partie, tant qu'elle
sera d'accord avec elle-même, il est impossible qu'il se
fasse dans l'État aucune innovation[1]? — C'est une chose
certaine. — Comment donc un État tel que le nôtre chan-
gera-t-il? par où la discorde, se glissant parmi les guerriers et les magistrats, armera-t-elle chacun de ces corps
contre l'autre et contre lui-même? Veux-tu que, à l'imitation d'Homère, nous conjurions les Muses de nous expliquer l'origine de la querelle, et que nous les fassions
parler sur un ton tragique et sublime, moitié en badinant
avec nous comme avec des enfants, et moitié sérieusement[2]? — Comment? — A peu près ainsi.

1. Le texte dit : « quelque mouvement. » L'idéal politique,
pour Platon, c'est, on le voit, l'immobilité dans la perfection chi-
mérique dont il a tracé le tableau. Il méconnaît ainsi le progrès, qui est essentiellement un mouvement.
2. D'après Platon, le genre tragique, éloigné de trois degrés
de la vérité (car il imite la réalité particulière, qui n'est elle-

« Il est difficile qu'il y ait changement dans un État tel
que le nôtre ; mais comme tout ce qui naît est soumis à
la ruine, ce système de gouvernement, tout excellent qu'il
est, ne se maintiendra pas toujours, il se dissoudra, et
voici comment. Il y a des retours de fertilité et de stérilité.
non seulement par rapport aux plantes, qui naissent dans
le sein de la terre, mais encore à l'égard de l'âme et du
corps des animaux qui vivent sur sa surface. Ces retours
ont lieu quand chaque espèce termine et recommence sa
révolution circulaire, laquelle est plus courte ou plus
longue, selon que la vie de chaque espèce est plus longue
ou plus courte [1]. Vos magistrats, tout habiles qu'ils sont,
pourront fort bien ne pas saisir juste par les sens, ou par
le calcul [2], l'instant favorable ou contraire à la propagation
de leur espèce. Cet instant leur échappera, et ils donneront des enfants à l'État lorsqu'il n'en faudra pas donner.

même qu'une imitation de l'*idée* intelligible), séduit surtout
les enfants, les femmes et les ignorants. — *Tragique* se rapporte à *badinant; sublime* à *sérieusement.*

1. Toutes ces considérations, présentées en langage mystique,
sont assez obscures. Platon, qui se fait en cela l'écho de traditions antiques, venues peut-être de l'Orient, admet l'existence
d'une *grande année du monde* (il en fixe quelquefois la durée
à dix mille ans), au bout de laquelle le cours des phénomènes recommence dans un ordre identique. Mais, en outre, il semble
attribuer à chaque espèce un cycle plus ou moins long, dont le
commencement marque celui d'une période de fécondité et de
perfection croissantes : arrivée au milieu, l'espèce dégénère, et
sa fécondité diminue progressivement jusqu'au complet achève-
ment du cycle. Nous avons observé dans la Préface que quelques
naturalistes contemporains inclinent à croire également que les
espèces vivantes ont reçu originellement une certaine quantité
d'énergie vitale, laquelle, après un plus ou moins grand nombre
de siècles, finirait par s'épuiser. Seulement, à la différence de
Platon, ils repoussent l'hypothèse de régénérescences pério-
diques.

2. *Mot à mot :* « par un raisonnement accompagné de sen-
sation ». Réminiscence de la doctrine des Pythagoriciens, pour
qui les nombres étaient l'essence de toutes choses, même de
celles de l'ordre moral. Ainsi, selon eux, le mariage est un
nombre. Par suite, on doit pouvoir déterminer par le calcul
l'instant favorable à la génération.

Pour les générations divines, la révolution est comprise dans un nombre parfait. En ce qui touche les hommes, il y a un nombre géométrique[1] dont la vertu préside aux bonnes et aux mauvaises générations. Ignorant la vertu de ce nombre, vos magistrats feront contracter à contretemps des mariages, d'où naîtront, sous de funestes auspices, des enfants d'un mauvais naturel. Leurs pères choisiront, à la vérité, les meilleurs d'entre eux pour les remplacer ; mais, comme ils seront indignes de leur succéder dans leurs dignités, ils n'y seront pas plutôt élevés, qu'ils commenceront par nous négliger en ne faisant pas de la musique le cas qu'il convient d'en faire, puis en négligeant pareillement la gymnastique ; d'où il arrivera que l'éducation de vos jeunes gens sera beaucoup moins amie des Muses. Aussi les magistrats qui seront choisis parmi eux n'apporteront point assez de précaution pour discerner les races d'or et d'argent, d'airain et de fer, dont parle Hésiode[2], et qui se trouvent chez vous. Le fer venant donc à se mêler avec l'argent, et l'airain avec l'or, il résultera de ce mélange un défaut de ressemblance, de régularité et d'harmonie : défaut qui, quelque part qu'il se trouve, engendre toujours la guerre et l'inimitié. » Telle est l'origine de la division partout où elle se déclare. — Et nous dirons que les Muses répondent bien. — Il en doit être ainsi, puisqu'elles sont les Muses. — Hé bien ! que disent-elles ensuite ?

— « La division une fois formée, les deux races de fer et d'airain aspireront[3] à s'enrichir et à acquérir des terres,

1. Nous omettons ici une phrase, à peu près inintelligible, sur les conditions de ce nombre géométrique. Cousin, résumant tous les travaux des critiques et des éditeurs allemands, n'a pas réussi à jeter quelque lumière sur ce passage. M. P. Tannery, dans un article sur le *nombre nuptial dans Platon* (*Revue philosophique*, février 1876), donne une traduction que nous ne reproduirons pas, parce qu'elle n'offre aucun sens pour quiconque n'a pas suivi les considérations sur lesquelles le savant auteur fonde ses conjectures. Disons seulement que, pour M. Tannery, le nombre nuptial = 2700.

2. Les *Travaux et les Jours*, vers 108 et suiv.

3. Nous conservons la forme du futur, comme plus haut ;

des maisons, de l'or et de l'argent; tandis que les races
d'or et d'argent, riches de leur propre fonds, et n'étant
pas dépourvues, tendront à la vertu et au maintien de la
constitution primitive. Après bien des violences et des
luttes, les guerriers et les magistrats s'accorderont à faire
entre eux le partage des terres et des maisons; et ils atta-
cheront, comme des étrangers[1] et comme des esclaves, aux
soins de leurs terres et de leurs maisons le reste des citoyens, qu'ils regardaient auparavant comme des hommes
libres, comme leurs amis et leurs nourriciers; et eux-
mêmes continueront de faire la guerre et de pourvoir à la
sûreté commune. » Il me paraît que cette révolution n'aura
point d'autre cause. — Ainsi, ce gouvernement tiendra le
milieu entre l'aristocratie et l'oligarchie. — Oui.

CHAPITRE IV. — *Caractères du gouvernement timocratique.*

— Le changement se fera donc de la manière que j'ai
expliquée; mais quelle sera la forme de ce nouveau gouvernement? N'est-il pas évident qu'il retiendra quelque chose
de l'ancien; qu'il prendra aussi quelque chose du gouvernement oligarchique, puisqu'il tient le milieu entre l'un
et l'autre ; enfin qu'il aura quelque chose de propre et de
distinctif? — Sans doute. — Il imitera l'ancien gouvernement par le respect pour les magistrats, l'aversion des gens
de guerre pour l'agriculture, les arts mécaniques et les
autres professions lucratives, la coutume de prendre les
repas en commun, et le soin de cultiver les exercices
gymnastiques et militaires. — Oui. — Ce qu'il aura de
propre, ce sera, entre autres choses, de craindre d'élever
des sages aux premières dignités, parce qu'il ne se formera
plus dans son sein des hommes d'une vertu simple et pure[2].

mais toute cette seconde partie du récit est au passé dans le
texte.

1. Le mot grec πεϱιοίϰους désigne les étrangers domiciliés dans
la Cité, et qui, à Athènes, ne jouissaient pas des droits de citoyen.

2. La simplicité, l'immutabilité, caractères de la réalité intelligible, de l'*idée*, par conséquent aussi, conditions de perfection pour l'individu.

mais des natures mélangées; de choisir plutôt pour commander, des esprits où la colère domine, et qui sont trop
simples [1], plus nés pour la guerre que pour la paix; de
faire un grand cas des stratagèmes et des ruses de guerre,
et d'avoir toujours les armes à la main, n'est-ce pas? —
Oui. — De tels hommes seront avides de richesses, comme
dans les États oligarchiques. Adorateurs sauvages de l'or
et de l'argent [2], ils les honoreront dans l'ombre, car ils
posséderont des coffres et des trésors particuliers, où ils
enfermeront leurs richesses; ils auront aussi des maisons
entourées d'enceintes, où, comme dans autant de nids, ils
prodigueront les dépenses pour des femmes et pour qui
bon leur semblera. — Cela est très vrai. — Ils seront donc
avares de leur argent, parce qu'ils l'aiment et le possèdent
clandestinement, et en même temps prodigues du bien d'autrui, par le désir qu'ils ont de satisfaire leurs passions.
Livrés en secret à tous les plaisirs, ils se cacheront de la
loi, comme un jeune débauché se cache de son père; et
cela grâce à une éducation dont la force et non la persua-
sion a été le principe, parce qu'on a négligé la véritable
Muse [3], celle qui est accompagnée des sages discours et de
la philosophie [4], et qu'on a préféré la gymnastique à la
musique. — Le portrait que tu fais est celui d'un gouvernement mêlé de bien et de mal. — Tu l'as dit. Comme la
colère y domine, ce qui s'y fait remarquer par-dessus tout,
c'est l'ambition et la brigue. — Il est vrai.

— Telles seraient donc l'origine et les mœurs de ce
gouvernement. Je n'en ai pas fait une exacte peinture,
mais seulement une esquisse, parce que cela suffit à notre

1. Trop simples, c'est-à-dire trop *spéciaux*, trop exclusivement guerriers, manquant de cette éducation générale et philosophique dont le plan a été précédemment tracé.
2. Selon Plutarque, c'est Lysandre qui introduisit le premier
à Sparte une grande quantité d'or et d'argent, et ruina ainsi
l'antique austérité des mœurs (*Vie de Lysandre*).
3. La vraie Muse, ou plutôt la vraie musique, celle qui établit l'harmonie dans l'âme, et est inséparable des sages maximes.
4. Cousin traduit les mots μετὰ λόγων par *dialectique*, ce qui
précise un peu trop le sens.

dessein, qui est de connaître l'homme juste et le méchant ; et que, d'ailleurs, nous nous jetterions dans des détails interminables, si nous voulions décrire avec la dernière exactitude tous les gouvernements et tous les caractères. — Tu as raison.

CHAPITRE V. — *Caractère de l'homme timocratique. Comment il se forme.*

— Quel est l'homme qui répond à ce gouvernement ? Comment se forme-t-il, et quel est son caractère ? — Je m'imagine, interrompit Adimante, qu'il doit ressembler à Glaucon, du moins pour ce qui est de l'ambition[1]. — Cela peut être, lui dis-je ; mais il me semble qu'il en diffère par plusieurs autres endroits. — Par où, s'il te plaît ? — Il doit être plus vain et un peu plus étranger aux Muses ; il les aimera sans doute, et se plaira à écouter ; mais il n'aura aucun talent pour la parole. Dur envers ses esclaves, sans toutefois les mépriser, comme font ceux qui ont reçu une bonne éducation[2], il sera doux avec les hommes libres, et plein de déférence avec ses supérieurs. Il prétendra aux honneurs et aux dignités, non par l'éloquence, ni par aucun des talents du même ordre, mais par les actions guerrières et les vertus qui se rapportent à la guerre : par conséquent, il sera passionné pour la chasse et les exercices du gymnase. — Voilà au naturel les mœurs des citoyens de cet État. — Pendant sa jeunesse, il pourra bien n'avoir que du mépris pour les richesses ; mais son atta-

1. Allusion à l'ambition de Glaucon, qui, à peine âgé de quarante ans, voulait se mêler des affaires publiques. Xénophon, *Mémorables*, III, 6. (Note de Cousin.)
2. Tous les traducteurs expliquent : « sans les mépriser, comme font ceux qui ont reçu une bonne éducation, » ce qui paraît vouloir dire que le mépris à l'égard des esclaves fait partie d'une bonne éducation. D'après la forme de la phrase grecque, ce sens est le plus naturel. On peut cependant adopter l'interprétation contraire : « ne méprisant pas ses esclaves, semblable en cela à un homme qui a reçu une bonne éducation. »

chement pour elles croîtra avec l'âge, parce qu'il participe
du caractère de l'avarice, et que sa vertu, destituée de son
fidèle gardien, n'est ni pure ni désintéressée. —Quel est ce
gardien, dit Adimante? — La raison mélangée avec la musique ; elle seule peut conserver pendant toute la vie la
vertu chez celui qui la possède. —Tu dis bien. — Tel est
le jeune homme ambitieux, image du gouvernement timocratique. — Fort bien.

—Voici à présent de quelle manière il se forme. Il se pourra
qu'il ait pour père un homme de bien, citoyen d'un État
mal gouverné, qui fuit les honneurs, les dignités, les magistratures, et tous les embarras que les charges traînent
après elles, qui enfin préfère rester dans une humble situation pour éviter les soucis. —Quelle est la cause qui donne
naissance au caractère de ce jeune homme? — Ce sont
les discours de sa mère, qu'il entend se plaindre d'abord
que son mari n'a aucune charge dans l'État ; qu'elle en est
moins considérée parmi les autres femmes ; puis, qu'il n'a
point assez d'empressement pour augmenter son bien ;
qu'il n'a aucun démêlé ni aucun procès, soit pour les
affaires privées, soit pour les affaires publiques, et souffre
tout lâchement ; qu'elle s'aperçoit tous les jours que, tout
occupé de lui-même, il n'a pour elle que de l'indifférence.
Cette mère, outrée d'une pareille conduite, répète sans
cesse à son fils que son père n'est pas un homme, qu'il
est trop mou, et cent autres propos semblables, que les
femmes ont coutume de dire de leurs maris, en ces sortes
de rencontres. — Il est vrai qu'alors elles font mille
plaintes qui sont tout à fait dans leur caractère. —Tu
n'ignores pas, en outre, que des domestiques, ayant l'air
de faire ainsi preuve de zèle envers le fils de la maison,
lui tiennent souvent en secret le même langage. Lorsqu'ils
voient, par exemple, qu'un père ne poursuit pas le payement
de quelque dette, ou la réparation de quelque injure : «Ne
manque pas, disent-ils à son fils, lorsque tu seras grand,
d'exiger réparation, et sois plus homme que ton père. »
Sort-il de la maison, il entend de tous côtés les mêmes
discours ; il voit qu'on méprise, qu'on traite d'imbéciles
ceux qui ne s'occupent que de ce qui les regarde, tandis

qu'on honore et qu'on vante les gens qui se mêlent de ce qui ne les regarde pas. Ce jeune homme qui entend et voit tout cela, à qui son père tient d'autre part un langage tout différent, et qui voit la conduite de son père en la comparant à celle des autres, se sent à la fois tiré des deux côtés ; par son père, qui excite et qui fortifie la partie raisonnable de son âme, et par les autres, qui enflamment ses désirs et sa colère[1]. Comme il n'est pas mauvais par nature, mais seulement par les fréquentations perverses auxquelles il se livre, il prend le milieu entre les deux partis extrêmes et laisse prendre tout empire sur son âme à cette partie intermédiaire de l'âme où réside la colère, l'esprit de dispute ; il devient un homme hautain, à grands projets, un ambitieux. — Il me semble que tu as très bien expliqué l'origine de ce caractère. — Nous avons donc la seconde espèce de gouvernement et d'hommes. — Oui.

CHAPITRE VI. — *Comment la timocratie devient oligarchie.*

— Veux-tu donc que nous passions en revue, comme dit Eschyle[2], un autre homme auprès d'un autre État ; ou plutôt, selon notre convention, que nous commencions par l'État? — J'y consens. — Le gouvernement qui vient après, est, je crois, l'oligarchie. — Quelle est cette forme de gouvernement que tu appelles oligarchie? — Celle où le cens décide de la condition de chaque citoyen, où les riches, par conséquent, ont le commandement, auquel les pauvres n'ont aucune part. — Je comprends.— Ne dirons-nous pas d'abord comment la timarchie se change en oligarchie? —

1. Les mots *désirs, colère*, traduisent imparfaitement τὸ ἐπιθυμητικόν et τὸ θυμοειδές. Nous avons suffisamment expliqué dans notre Introduction ce que Platon entend par ces deux parties de l'âme. Les expressions *appétit concupiscible, appétit irascible*, consacrées par la scolastique, rendraient assez bien le sens des mots grecs.

2. Parodie d'un vers des *Sept Chefs devant Thèbes*, où un messager décrit successivement les héros postés devant chaque porte de la ville. Voyez v. 555 (Cousin).

Oui, — Il n'est personne, fût-il aveugle, qui ne voie comment se fait le passage de l'une à l'autre, — Comment se fait-il? — Ce coffre-fort, rempli de richesses, que possède chaque particulier, finit par perdre la timarchie. D'abord les citoyens y trouvent de quoi faire des dépenses, et sur ce point ils éludent et méconnaissent la loi, eux et leurs femmes. — Cela doit être. — Ensuite l'exemple des uns excitant les autres, et les portant à les imiter, en peu de temps la contagion devient universelle. — Cela doit être encore. — Puis, rivalisant d'ardeur à qui dépassera l'autre dans l'acquisition des richesses, plus ils ont d'estime pour celles-ci, moins ils en ont pour la vertu. L'or et la vertu ne sont-ils pas, en effet, comme deux poids mis dans une balance, dont l'un ne peut monter que l'autre ne baisse? — Oui. — Par conséquent, la vertu et les gens de bien sont moins estimés dans un État, à proportion qu'on y estime davantage les riches et les richesses. Cela est évident. — Mais on recherche ce qu'on estime, et on néglige ce qu'on méprise. — Sans doute. — Ainsi, dans la timarchie, les citoyens, d'ambitieux et d'intrigants qu'ils étaient, finissent par devenir avares et cupides. Tous leurs éloges, toute leur admiration est pour les riches: les charges ne sont que pour eux; quant au pauvre, ils le méprisent. — Sans contredit.

— Alors, on fixe par une loi les conditions exigibles pour participer au pouvoir oligarchique, et ces conditions se résument dans la quotité du revenu. La quotité requise est plus ou moins considérable, selon que le pouvoir est plus ou moins oligarchique; et il est défendu d'aspirer aux charges à ceux dont le bien ne monte pas au taux marqué. Les riches font passer cette loi par la voie de la force et des armes, ou on l'adopte par la crainte de quelque violence de leur part. N'est-ce pas ainsi que les choses se passent? — Oui. — Voilà donc à peu près comment cette forme de gouvernement s'établit. — Oui; mais quels sont ses mœurs et les vices que nous lui reprochons?

CHAPITRE VII. — *Caractère et vices du gouvernement oligarchique.*

— Le premier est le principe même de cet État. Prends garde, en effet : si, dans le choix du pilote, on avait uniquement égard au cens, et qu'on exclût du gouvernail le pauvre, malgré sa grande expérience, qu'arriverait-il? — Que les vaisseaux seraient très mal gouvernés. — N'en serait-il pas de même à l'égard de tout autre gouvernement, quel qu'il soit? — Je le pense. — Faut-il ou non, en excepter celui d'un État? — Moins qu'un autre : car c'est de tous les gouvernements le plus difficile et le plus important. — L'oligarchie a donc ce premier vice capital? — Oui.

— Mais quoi! cet autre vice est-il moins grave? — Quel vice? — Cet État, par sa nature, n'est point un; mais il renferme nécessairement deux États, l'un composé de riches, l'autre de pauvres[1], qui habitent le même sol, et qui travaillent sans cesse à se détruire les uns les autres. — Non certes; ce vice n'est pas moins grave que le premier. — Ce n'est pas non plus un grand avantage pour ce gouvernement, que l'impuissance où il est de faire la guerre, parce qu'il lui faut, ou bien armer la multitude, et avoir par conséquent plus à craindre d'elle que de l'ennemi; ou ne pas s'en servir et se présenter au combat en nombre vraiment oligarchique[2]. Outre cela, les riches refusent par avarice de fournir aux frais de la guerre. — Il s'en faut bien que ce soit un avantage. — De plus, ne vois-tu pas que les mêmes citoyens font plusieurs métiers à la fois, sont

1. Aristote (*Pol.* VIII, ch. x, Trad. de M. Barthélemy Saint-Hilaire) observe que ce mal n'est pas particulier aux oligarchies, et qu'il existe partout où les citoyens ne possèdent pas tous des fortunes égales, ou ne sont pas tous également vertueux. — Tout ce chapitre de la *Politique* est d'ailleurs à consulter pour l'appréciation de la théorie des révolutions dans Platon. (V. la note à la fin du volume.)

2. C'est-à-dire avec une armée composée des seuls riches, et par conséquent très peu nombreuse.

laboureurs, guerriers, commerçants? Or, n'avons-nous pas proscrit cette réunion de plusieurs emplois dans les mains d'un seul individu[1]? — Et nous avons eu raison.

— Vois maintenant si le plus grand vice de cette constitution n'est pas celui que je vais dire. — Quel vice? — La liberté qu'on y laisse à chacun de se défaire de son bien, ou d'acquérir celui d'autrui; et à celui qui a vendu son bien de demeurer dans l'État, sans y avoir aucun emploi, ni d'artisan, ni de commerçant, ni de cavalier, ni de fantassin, ni d'autre titre enfin que celui de pauvre ou d'indigent[2]? — Tu as raison. — On ne songe pas à empêcher ce désordre dans les gouvernements oligarchiques : car si on le prévenait, les uns n'y posséderaient pas des richesses immenses, tandis que les autres sont réduits à la dernière misère[3]. Cela est vrai. — Fais encore attention à ceci.

1. Rien de plus tyrannique et de plus contraire au développement de la société que d'appliquer de force chaque citoyen à une seule et même occupation pendant toute sa vie. Ce système, qui paraît à Platon la sauvegarde la plus sûre de la bonne harmonie, de la justice et du bonheur dans la Cité, n'est autre chose que le régime des castes, qui a condamné à l'immobilité les civilisations de l'antique Orient. Il est à remarquer cependant que la *spécialisation des fonctions* chez les êtres vivants est en raison de la perfection de l'organisme : de même dans l'ordre social, pourvu que cette spécialisation soit l'effet non de la contrainte, mais du libre jeu des activités individuelles.

2. Il est à peine besoin de faire observer combien les prohibitions que recommande ici Platon sont contraires à tous les principes de justice et de liberté. Mais dans l'antiquité les droits de l'individu ont toujours été plus ou moins méconnus, surtout en ce qui concerne la propriété : au nom d'un prétendu intérêt général, le législateur ne se faisait pas scrupule de réglementer ou de restreindre, par les mesures les plus vexatoires, l'acquisition et l'échange des richesses. Thomas Morus, dans son *Utopie*, Fénelon dans sa description de Salente et depuis, tous les socialistes modernes, ont suivi les mêmes errements.

3. Il est remarquable que, selon quelques économistes anglais, le régime de la liberté absolue aboutit au même résultat. Mais cette opinion est difficilement soutenable: la liberté a plutôt pour effet, sans porter atteinte aux grandes fortunes, d'aug-

Lorsque cet homme, autrefois riche, se ruinait par de folles dépenses, quel avantage l'État en retirait-il? Passait-il donc pour un de ses chefs, ou, en effet, n'en était-il ni chef, ni serviteur, et n'y avait-il d'autre emploi que celui de dépenser son bien? — Il paraissait être autre chose, mais il n'était en réalité qu'un prodigue. — Veux-tu que nous disions de cet homme, qu'il est chez lui pour l'État ce qu'un frelon est dans une ruche: un fléau[1]? — Je le veux bien, Socrate. — Mais n'est-il pas vrai, mon cher Adimante, que Dieu a fait naître sans aiguillon tous les frelons ailés; au lieu que parmi ces frelons à deux pieds, s'il y en a qui n'ont pas d'aiguillons, d'autres, en revanche, en ont de très piquants? Ceux qui n'en ont pas vivent et meurent dans l'indigence. Et au nombre de ceux qui en ont, ne faut-il pas compter tous ceux qu'on appelle malfaiteurs? — Rien de plus vrai. — Il est donc manifeste que dans tout État où tu verras des pauvres, il y a des filous cachés, des coupeurs de bourses, des sacrilèges et des fripons de toute espèce? — On n'en saurait douter. — Mais dans les gouvernements oligarchiques, n'y a-t-il pas de pauvres? — Presque tous les citoyens le sont, à l'exception des chefs. — Ne sommes-nous point, par conséquent, autorisés à croire qu'il s'y trouve beaucoup de malfaiteurs armés d'aiguillons, que les magistrats surveillent et contiennent par la force? — Oui. — Mais si on nous demande qui les y a fait naître, ne dirons-nous pas que c'est l'ignorance, la mauvaise éducation et le vice intérieur du gouvernement? — Sans doute.

— Tel est donc le caractère de l'État oligarchique; tels sont ses vices; peut-être en a-t-il encore d'avantage. — Peut-être. — Ainsi se trouve achevé le tableau de ce gouvernement qu'on nomme *oligarchie*, où le cens élève aux différents degrés du pouvoir. — Passons à présent à l'homme qui lui ressemble. Voyons comment il se forme, et quel est son caractère. — J'y consens.

menter peu à peu l'aisance générale, et de faire disparaître graduellement l'excès de la misère.

1. Comparaison imitée d'Hésiode (*Travaux et Jours*, v. 300).

CHAPITRE VIII. — *Comment l'homme timocratique ou timarchique devient oligarchique.*

— Le changement de l'homme timarchique en oligarchique ne se fait-il pas de cette manière? — De quelle manière? — Le fils veut d'abord imiter son père et marcher sur ses traces; mais ensuite, voyant que son père s'est brisé contre l'État, comme un vaisseau contre un écueil; qu'après avoir prodigué ses biens et sa personne, soit à la tête des armées ou dans quelque autre grande charge, il est traîné devant les juges, calomnié par des délateurs, condamné à mort, à l'exil, à la perte de son honneur ou de ses biens... — Cela est très ordinaire. — Voyant, dis-je, fondre sur son père tant de malheurs, qu'il partage avec lui, dépouillé de son patrimoine, rempli de crainte, il précipite cet amour de l'honneur et cette généreuse ardeur du trône qu'il leur avait élevé dans son âme; humilié de l'état d'indigence où il se trouve, il ne songe plus qu'à amasser du bien; et, par un travail assidu et des épargnes sordides, il vient à bout de s'enrichir. Ne crois-tu pas qu'alors, sur ce même trône d'où il a chassé l'ambition, il fera monter l'esprit de convoitise et d'avarice[1], qu'il l'établira *son grand roi*[2], lui mettra le diadème, le collier, et lui ceindra le cimeterre[3]? — Je le crois. — Mettant ensuite, asservis aux pieds de ce nouveau maître, d'un côté la raison, de l'autre le courage, il oblige l'une à ne réfléchir, à ne penser qu'aux moyens d'accumuler de nouveaux trésors, et il force l'autre à n'admirer, à n'honorer que les richesses et les riches, à mettre toute sa gloire dans la possession d'une grande fortune, et dans le talent d'en amasser. — Il n'est point dans un jeune homme de changement plus rapide ni plus violent que celui de l'ambition en avarice[4]. — N'est-ce pas

1. Le texte dit ἐπιθυμητικόν. Voir la note plus haut, page 12.
2. Allusion au roi de Perse, que les Grecs appelaient le *grand roi.*
3. Ce sont les insignes du grand roi (*Cyropédie*, II, 4).
4. Observation très juste: l'ambition est plus fréquente chez

là l'homme oligarchique? — Du moins, la métamorphose
dont il est le produit est celle d'un homme semblable au
gouvernement d'où est sorti l'oligarchie. — Voyons maintenant s'il ressemble à l'oligarchie. — Je le veux bien.

CHAPITRE IX. — *Caractère de l'homme oligarchique. Sa
ressemblance avec le gouvernement de même nom.*

— N'a-t-il pas d'abord avec elle ce premier trait de ressemblance, de placer les richesses au-dessus de tout? —
Sans contredit. — Il lui ressemble de plus par l'esprit
d'épargne et par l'industrie; il n'accorde à la nature
que la satisfaction des désirs nécessaires, il s'interdit
toute autre dépense, et maîtrise tous les autres désirs
comme insensés. — Cela est vrai. — Il est sordide, fait argent de tout, ne songe qu'à thésauriser; en un mot, il est
du nombre de ceux dont le vulgaire admire l'habileté.
N'est-ce pas là le portrait fidèle du caractère analogue au
gouvernement oligarchique? — Oui, car, de part et d'autre,
on ne voit rien de préférable aux richesses. — Sans doute,
cet homme n'a guère songé à s'instruire. — Il n'y a pas
d'apparence: autrement, il n'aurait pas pris comme guide[1]
et comme principal objet de son culte, un aveugle. — Bien;
examine encore ceci. Ne dirons-nous pas que le manque
d'éducation a fait naître en lui des désirs qui sont de la nature des frelons, les uns toujours indigents, les autres toujours portés à mal faire, et que la surveillance d'une autre
partie de l'âme (la raison) ne contient que par la force?
— La chose est ainsi. — Sais-tu de quel côté il faut re-
garder pour voir se manifester ses désirs malfaisants? —
De quel côté? — Considère-le chargé de quelque tutelle ou
de quelque autre commission, où il aura toute licence de
mal faire. — Tu as raison. — N'est-il pas clair par là que,
si dans les autres relations avec ses concitoyens, il passe

les jeunes gens que l'amour des richesses, qui se développe en
général plus tardivement.

1. Mot à mot : comme chef de chœur; l'aveugle c'est le dieu
Plutus.

pour un homme d'honneur et de probité, s'il impose à ses mauvais désirs une contrainte honorable, ce n'est ni parce qu'il réussit à leur persuader qu'ils ne sont pas les meilleurs guides à suivre, ni parce qu'il les apprivoise par la raison; c'est par nécessité et par crainte de perdre son bien en voulant s'emparer de celui d'autrui? — Cela est certain. — Mais lorsqu'il sera question de dépenser le bien d'autrui, c'est alors, mon cher ami, que tu découvriras chez la plupart des hommes de ce caractère ces désirs qui tiennent du naturel des frelons. — J'en suis persuadé. — Un homme de ce caractère éprouvera donc nécessairement des séditions au dedans de lui-même : il y aura en lui deux hommes différents, dont les désirs se combattront ; mais, pour l'ordinaire, les bons désirs l'emporteront sur les mauvais. — Bien. — C'est pour cela qu'à l'extérieur, il paraîtra plus modéré que bien d'autres. Mais la vraie vertu[1] qui produit dans l'âme l'harmonie et l'unité est bien loin de lui. — Je le pense comme toi.

— Faut-il disputer une victoire, ou quelque prix dans une lutte entre concitoyens, l'homme ménager ne s'y porte que faiblement. Il ne veut pas dépenser d'argent pour la gloire ni pour ces sortes de combats ; il craint de réveiller en lui les désirs prodigues, et de les appeler à son secours dans la lutte, mais d'en faire aussi des rivales de sa passion dominante[2]. Il combat donc sur un pied oligarchique,

1. Différence entre la vertu apparente, qui n'est que l'effet de la crainte, et la vertu véritable, qui résulte de l'harmonie de toutes les facultés de l'âme et de l'unité de direction des diverses tendances sous l'empire de la raison.

2. Nous reproduisons ici presque littéralement la traduction de Cousin qui a bien élucidé le sens de ce passage : « J'entends, dit Cousin, que l'avare craint d'appeler à son secours les passions prodigues, parce qu'en s'en faisant des auxiliaires relativement au combat, au concours dans lequel il est engagé, il s'en ferait aussi des ennemis relativement au désir qu'il a de s'enrichir. » Cousin signale la correspondance qui existe entre ces dispositions de l'homme oligarchique et celles de l'État de même nom, qui craint à la fois de ne pas appeler le peuple à son secours contre les ennemis, et en même temps de l'appeler, de peur de le voir se tourner contre lui.

c'est-à-dire avec une très petite partie de ses forces: il a presque toujours le dessous; mais il s'enrichit. — J'en conviens. — Douterons-nous encore de la parfaite ressemblance qui se trouve entre l'homme avare et ménager, et le gouvernement oligarchique? — Non.

CHAPITRE X. — *Transformation de l'oligarchie en démocratie.*

— Il s'agit à présent d'examiner l'origine et le caractère de la démocratie, afin qu'après avoir observé le caractère de l'homme démocratique, nous puissions l'apprécier. — Nous ne ferons que suivre en cela notre méthode ordinaire. — On passe de l'oligarchie à la démocratie par l'envie insatiable d'acquérir le plus de richesses possible, ce qu'on regarde comme le plus grand avantage. — Comment cela? — Les chefs, qui sont redevables à leurs grands biens des charges qu'ils occupent, se gardent bien de réprimer par la sévérité des lois le libertinage des jeunes débauchés, ni de les empêcher de se ruiner par des dépenses excessives : car leur dessein est d'acheter leurs biens, de leur prêter à gros intérêts, et d'accroître par ce moyen leurs richesses et leur crédit. — Sans doute. — Or, il est évident que, dans quelque gouvernement que ce soit, il est impossible que les citoyens estiment les richesses, et pratiquent en même temps la tempérance, mais que c'est une nécessité qu'ils sacrifient une de ces deux choses à l'autre. — Cela est de la dernière évidence. — Ainsi, dans les oligarchies, les magistrats par leur négligence et les facilités qu'ils accordent au libertinage, ont souvent réduit à l'indigence des hommes nés peut-être avec des sentiments nobles et élevés. — Sans doute. — Cela forme dans l'État un corps de gens pourvus d'aiguillons et bien armés, les uns accablés de dettes, les autres notés d'infamie, quelques-uns ruinés à la fois de biens et d'honneur, haïssant ceux qui se sont enrichis des débris de leur fortune et le reste des citoyens, leur dressant des embûches, et n'aspirant qu'à une révolution. — Cela est ainsi. — Cependant ces usuriers

avides, penchés sur leur œuvre[1], et sans paraître voir ceux
qu'ils ont ruinés, continuent de prêter à gros intérêts[2], et
de s'enrichir en faisant de larges brèches au patrimoine
de leurs nouvelles victimes, et par là ils multiplient dans
l'État l'engeance des frelons et des pauvres. — Comment
ne se multiplierait-elle pas? — Ils ne veulent pas néanmoins arrêter cet incendie croissant, soit en empêchant
les particuliers de disposer de leurs biens à leur fantaisie,
soit par une autre loi propre à arrêter le progrès du mal.
— Quelle autre loi? — Celle qui serait la plus efficace au
défaut de la première, et qui obligerait les citoyens d'être
honnêtes[3] : car si les contrats de ce genre avaient lieu aux

1. Et non, *baissant les yeux*, comme traduisent quelques
interprètes. Il faut prendre, avec Cousin, le mot ἐγκύψαντες au
sens figuré. « Il ne s'agit pas d'usuriers hypocrites, qui bais-
sent les yeux, et sont comme tremblants devant ceux qu'ils
ruinent, mais d'oligarques aussi altiers qu'avides, marchant à
leur but sans pitié, sans faire attention à ceux qu'ils ruinent,
et faisant tout autant de nouvelles dupes qu'il s'en présente. »

2. *Mot à mot :* « blessant, en lançant leur argent, chacun de
ceux qui restent, à mesure qu'il cède (à leurs coups), et re-
cueillant de nombreux enfants issus de leur père » (jeu de mots
sur τόκος, qui veut dire à la fois enfant et intérêt du capital;
l'intérêt vient du capital comme l'enfant vient du père). — On
sait que, chez les anciens, le prêt à intérêt passait assez généralement pour un gain illicite. Telle est l'opinion d'Aristote dans
ce passage de la *Politique*, où il joue aussi sur le double sens
du mot τόκος : « On a surtout raison d'exécrer l'usure, parce
qu'elle est un mode d'acquisition né de l'argent lui-même, et ne
lui donnant pas la destination pour laquelle on l'avait créé.
L'argent ne devait servir qu'à l'échange ; et l'intérêt qu'on en
tire le multiplie lui-même, comme l'indique assez le nom qu'on
lui donne dans la langue grecque. Les pères ici sont absolument semblables aux enfants. L'intérêt est de l'argent issu de
l'argent, et c'est de toutes les acquisitions celle qui est le plus
contre nature. » (*Polit.*, Trad. B. Saint-Hilaire, liv. I, ch. III.
§ 23.) — On sait que l'Église a longtemps anathématisé le prêt
à intérêt ; c'est Bentham le premier, qui, dans son opuscule
célèbre : *La Défense de l'Usure*, a démontré que le commerce
de l'argent, comme celui de toute autre marchandise, est légitime et doit être libre.

3. La traduction de Grou ajoute : « Par amour pour leurs

risques et périls des prêteurs, l'usure s'exercerait avec moins d'impudence, et l'État se verrait délivré de ce déluge de maux dont j'ai parlé. — J'en conviens.

—C'est ainsi que, dans l'État, les gouvernants réduisent à une pareille situation les gouvernés; eux-mêmes se corrompent, et leurs enfants : ceux-ci menant une vie voluptueuse, et n'exerçant ni leur corps ni leur esprit par des travaux convenables, ne deviennent-ils pas efféminés et incapables de résister soit au plaisir, soit à la douleur? — Cela est vrai. — Quant à eux, uniquement occupés à s'enrichir, n'en arrivent-ils pas à négliger tout le reste, ne se mettant pas plus en peine de la vertu que des pauvres? — Sans contredit. — Or, les esprits étant ainsi disposés, lorsque les magistrats et les sujets se trouvent ensemble en voyage ou en quelque autre rencontre, dans une navigation, dans une théorie, à l'armée, et qu'ils s'examinent mutuellement dans les occasions périlleuses, les riches ont-ils le moindre sujet de mépriser les pauvres? Au contraire, quand un pauvre, maigre et brûlé du soleil, posté dans la mêlée à côté d'un riche élevé à l'ombre et chargé d'embonpoint, le voit tout hors d'haleine et embarrassé de sa personne, quelles pensées crois-tu qu'il lui vienne en ce moment à l'esprit? Ne se dit-il pas à lui-même que ces gens-là doivent leurs richesses à la lâcheté des pauvres? Et lorsqu'ils se rencontrent ensemble, ne se disent-ils pas les uns aux autres: En vérité, nos hommes d'importance sont bien peu de chose! — Je suis persuadé qu'ils parlent et pensent de la sorte.

— Et comme un corps infirme n'a besoin, pour tomber à bas, que du plus léger accident; que souvent même il se dérange sans qu'il survienne aucune cause extérieure, ainsi un État, dans une situation pareille, ne tarde point à être en proie aux séditions et aux guerres intestines, aussitôt que, sur le moindre prétexte, les pauvres et les riches, cherchant à fortifier leur parti, appellent à leur secours, ceux-ci les chefs de quelque état oligarchique, ceux-là

intérêts. » Ces mots, qui ne sont pas dans le texte, complètent bien la pensée.

les habitants d'un État démocratique; quelquefois aussi cet État entre en lutte avec lui-même sans l'intervention de l'étranger, n'est-il pas vrai? — Oui, certes. — Le gouvernement devient démocratique, lorsque les pauvres, ayant remporté la victoire sur les riches, massacrent les uns, chassent les autres, et partagent également avec ceux qui restent les charges et l'administration des affaires : partage qui, dans ce gouvernement, se règle d'ordinaire par le sort[1].—C'est ainsi, en effet, que la démocratie s'établit, soit par la voie des armes, soit que les riches, craignant pour eux, prennent le parti de se retirer.

CHAPITRE XI. — *Mœurs et constitution de la démocratie.*

— Quelles seront les mœurs de ces nouveaux citoyens, quelle sera la constitution de ce nouveau gouvernement? car il est évident que tout à l'heure, nous verrons un homme semblable, l'homme démocratique. — Certainement. — D'abord, tout le monde est libre dans cet État: il est plein de liberté; chacun y a son franc parler, chacun y est maître de faire ce qu'il lui plaît. — On le dit ainsi.— Mais, partout où l'on a ce pouvoir, il est clair que chaque citoyen dispose de lui-même, et choisit à son gré le genre de vie qui lui agrée davantage. — Sans doute. — Il doit, par conséquent, y avoir dans un pareil gouvernement des hommes de toute espèce. — Oui. — En vérité, cette forme de gouvernement a bien l'air d'être la plus belle de toutes, et cette prodigieuse bigarrure de caractères pourrait bien en relever autant la beauté, que la variété de mille fleurs relève celle d'une étoffe[2]. — Pourquoi non?— Ceux du moins qui en jugeront, comme les femmes et les enfants jugent des objets, je veux dire par la bigarrure, ne sauraient manquer de la préférer à toutes

1. On sait que c'était le cas, à Athènes, au temps de Platon.
2. C'est toujours la même opposition entre l'unité, la simplicité, l'immutabilité, caractères de la perfection intelligible (τὸ ὄν), et la multiplicité, la complexité, la variabilité inhérentes aux choses imparfaites et sensibles (τὸ μὴ ὄν).

les autres. — Je n'ai pas de peine à le croire. — C'est dans
cet État, mon cher ami, que chacun peut aller chercher le
genre de gouvernement qui l'accommode. — Pourquoi cela?
— Parce qu'il les renferme tous, chacun ayant la liberté
d'y vivre à sa façon. Il semble, en effet, que si quelqu'un
voulait former le plan d'un État, comme nous faisions tout
à l'heure, il n'aurait qu'à se transporter dans un État démocratique: c'est un marché où sont étalées toutes les sortes
de gouvernements. Il n'aurait qu'à choisir, et qu'à éxé-
cuter ensuite son dessein sur le modèle qu'il aurait choisi.
— Il ne manquerait pas de modèles.

— A juger de la chose sur le premier coup d'œil, n'est-
ce pas une condition bien douce et bien commode de ne
pouvoir être contraint d'accepter aucune charge publique,
quelque mérite que l'on ait pour la remplir[1]; de n'être soumis à aucune autorité, si vous ne le voulez; de ne point
aller à la guerre quand les autres y vont; et, tandis que les
autres vivent en paix, de n'y pas vivre vous-mêmes, si cela
ne vous plaît pas; et, en dépit de la loi qui vous interdi-
rait l'exercice de l'autorité politique ou juridique, d'exercer l'une et l'autre, si la fantaisie vous en prend? — A
ce point de vue, oui sans doute. — N'est-ce pas encore
quelque chose d'admirable que la douceur avec laquelle
on y traite certains criminels? N'as-tu pas vu dans
quelque État de ce genre des hommes condamnés à la
mort ou à l'exil rester et se promener en public avec
une démarche et une contenance de héros, comme si personne n'y faisait attention, et ne devait pas même s'en
apercevoir? — J'en ai vu beaucoup. — De plus, n'est-ce pas
l'effet d'une condescendance vraiment généreuse, et d'une
façon de penser exempte de bassesse, que ce mépris qu'on
y témoigne pour ces maximes que nous traitions tantôt
avec tant de respect, en traçant le plan de notre république, lorsque nous assurions qu'à moins d'être doué d'un
excellent naturel, de s'être joué, pour ainsi dire, dès l'en-

1. Dans la République de Platon, ceux que leur éducation en
a rendus capables sont contraints de prendre part au gouvernement de l'État (Voy. liv. VII, p. 121, Trad. Cousin).

fance, au milieu du beau et de s'être appliqué à tout ce qui lui ressemble, et d'en avoir fait ensuite une étude sé-rieuse, jamais on ne deviendrait vertueux? Avec quelle grandeur d'âme on y foule aux pieds ces maximes, sans se mettre en peine d'examiner quelle a été l'éducation de ceux qui s'ingèrent dans le maniement des affaires! quel empressement, au contraire, à les accueillir et à les hono-rer, pourvu qu'ils se disent pleins de zèle pour les inté-rêts du peuple! — Cela suppose, en effet, des sentiments bien généreux.

— Tels sont, avec d'autres semblables, les avantages de la démocratie. C'est, comme tu vois, un gouvernement très agréable, anarchique, bigarré, et qui établit l'égalité entre les choses les plus inégales. — Tu n'en dis rien qui ne soit connu de tout le monde.

CHAPITRE XII. — *De l'homme démocratique.*
Comment il se forme.

— Considère à présent l'individu qui lui ressemble, ou plutôt, pour garder l'ordre que nous avons suivi relative-ment à l'État, ne verrons-nous pas auparavant comment il se forme? — Oui. — N'est-ce pas ainsi? L'homme avare et oligarchique a un fils qu'il élève dans ses sentiments. — Fort bien. — Ce fils maîtrise par la force, à l'exemple de son père, les désirs[1] qui le portent à la dépense et sont ennemis du gain, et ceux qu'on appelle non nécessaires.— Cela doit être. — Veux-tu, pour jeter plus de clarté dans notre entretien, que nous commencions par établir la dis-tinction des désirs nécessaires et de ceux qui ne le sont pas[2]? — Je le veux bien. — N'a-t-on pas raison d'appeler désirs nécessaires ceux qu'il n'est pas en notre pouvoir de retrancher ni de réprimer, et qu'il nous est d'ailleurs

1. Le texte dit : *les plaisirs.*
2. Cette distinction a été reprise plus tard par Épicure, qui reconnaît des désirs naturels et nécessaires, des désirs naturels et non nécessaires, et enfin des désirs non naturels et non néces-saires. Il suffit pour le bonheur que les premiers soient satis-faits, et cette satisfaction est toujours à la portée du sage.

utile de contenter? car il est évident que, dans ces deux
cas, la nature nous impose la nécessité de chercher à nous
satisfaire, n'est-ce pas? — Oui. — C'est donc à bon droit
que nous appellerons ces désirs nécessaires.— Sans doute.
— Pour ceux dont il est aisé de se défaire, si l'on s'y ap-
plique de bonne heure, et ceux dont la présence ne produit en nous aucun bien, ceux qui n'y causent que des
maux, si nous les appelons désirs non nécessaires, n'aurons-nous pas raison? — Sans doute. — Proposons un
exemple des uns et des autres, afin de nous en former une
plus juste idée. — Ce sera bien fait.— Le désir de prendre
de la nourriture avec quelque assaisonnement, autant
qu'il est besoin pour entretenir la santé et les forces, n'est-
il pas nécessaire? — Je le pense. — Celui de la simple
nourriture est nécessaire pour deux raisons : et parce qu'il
est utile de manger, et parce que non satisfait il peut en-
traîner la cessation de la vie. — Oui. — Celui de l'assaisonnement n'est nécessaire qu'autant qu'il sert à la santé.
— Cela est vrai. — Mais le désir de tout ce qui est au delà,
de mets variés et différents de ces mets simples et nécessaires, désir qu'on peut réprimer, et même retrancher généralement par une bonne éducation, désir nuisible au
corps et à l'âme pour l'exercice de la raison et de la tempérance, ne doit-il pas être appelé non nécessaire?— Sans
contredit. — Ne dirons-nous donc pas que ceux-ci sont
des désirs prodigues; ceux-là des désirs profitables, parce
qu'ils servent à nous rendre plus capables d'agir? — Oui.
— Ne porterons-nous pas le même jugement sur les plaisirs de l'amour, et sur tous les autres plaisirs? — Oui. —
Mais nous avons dit de celui à qui nous avons donné le
nom de frelon, qu'il était dominé par les désirs non nécessaires; au lieu que l'homme ménager et oligarchique n'est
gouverné que par les désirs nécessaires. — Nous l'avons
dit.

CHAPITRE XIII. — *Suite du précédent.*

— Expliquons de nouveau comment cet homme oligarchique devient démocratique! voici, ce me semble, de
quelle manière cela arrive pour l'ordinaire.— Comment?

2.

— Lorsqu'un jeune homme, mal élevé, ainsi que nous l'avons dit, et nourri dans l'amour du gain, a goûté une fois du miel des frelons, qu'il s'est trouvé dans la compagnie de ces insectes ardents, redoutables[1] et habiles à lui procurer des plaisirs de toute sorte, n'est-ce pas alors, selon toi, que son gouvernement intérieur, d'oligarchique qu'il était, commence à devenir démocratique? — C'est une nécessité inévitable. — Et comme l'État a changé de forme, parce que l'une des deux factions a reçu du dehors un secours de même nature[2], ainsi ce jeune homme ne change-t-il pas de mœurs, à cause de l'appui que ses désirs de l'ordre inférieur trouvent au dehors dans des désirs semblables? — Oui. — Si son père ou ses proches envoyaient de leur côté du secours à la faction de désirs oligarchiques, et employaient pour la soutenir les avis salutaires et les réprimandes, il deviendrait alors le théâtre d'une guerre intestine. — Sans doute. — Il arrive quelquefois que la faction oligarchique l'emporte sur la démocratique ; alors les mauvais désirs sont en partie détruits, en partie chassés ; une honte généreuse s'élève dans l'âme du jeune homme, et il rentre dans son devoir[3]. — Cela arrive quelquefois. — Mais bientôt, à cause de la mauvaise éducation qu'il a reçue de son père, de nouveaux désirs, puissants et nombreux, et de même nature que ceux qu'il a bannis, les remplacent. — Il n'est rien de plus ordinaire. — Ils l'entraînent de nouveau dans les mêmes compagnies ; et de ce commerce clandestin naît une foule d'autres désirs. — Oui.

— Enfin, ils s'emparent de la citadelle de l'âme de ce jeune homme, après s'être aperçus qu'elle est vide de sciences, d'habitudes louables, et de maximes vraies, qui sont la garde la plus sûre et la plus fidèle des pensées des mortels chéris des dieux. — Sans doute. — Aussitôt les jugements faux et présomptueux, les opinions hasardées, ac-

---

1. Il s'agit des frelons.
2. C'est-à-dire que la fraction populaire a reçu les secours d'un état démocratique.
3. *Mot à mot :* a été rétablie dans l'ordre (la hiérarchie des facultés et des désirs qui constitue la justice).

courent en foule et se jettent dans la place. — Oui, certes.
— N'est-ce point alors qu'il retourne dans la première
compagnie, où l'on mange du lotus[1], et ne rougit plus de
son commerce intime avec elle? S'il vient de la part de ses
amis et de ses proches quelque renfort à la faction contraire, les maximes présomptueuses, fermant promptement
les portes du château royal, refusent l'entrée aux secours
que l'on envoie, et n'écoutent pas même les discours que
des vieillards pleins de sens et d'expérience envoient en
ambassade. Secondés d'une multitude de désirs pernicieux,
elles remportent la victoire, et traitant la honte d'imbécil-
lité, elles la chassent ignominieusement, bannissent la
tempérance, après l'avoir outragée en lui donnant le nom
de lâcheté, et exterminent la modération et la frugalité,
qu'elles traitent de rusticité et de bassesse. — Oui, vraiment. — Après en avoir vidé et purgé l'âme du malheureux jeune homme qu'elles obsèdent, et comme si elles
l'initiaient aux grands mystères, elles y introduisent, avec
un nombreux cortège, richement parés, et la couronne
sur la tête, l'insolence, l'anarchie, le libertinage et l'effronterie, dont elles font mille éloges, et à qui elles donnent
les plus beaux noms: elles appellent l'insolence politesse,
l'anarchie liberté, le libertinage magnificence, l'effronterie
courage[2]. N'est-ce pas ainsi qu'un jeune homme, accou-
tumé dès l'enfance à ne satisfaire d'autres désirs que les

1. Selon Schleiermacher et Cousin, il ne peut s'agir ici des
Lotophages d'Homère (*Odyssée.* IX, 94), lesquels étaient des
hommes simples et innocents. « Toute la force de l'expression
et de l'allusion, s'il y en a, doit porter sur le lotos, dont on ne
pouvait manger, dit-on, sans oublier le passé, et par conséquent
sans tomber dans l'extravagance. Le scholiaste dit que les Lotophages sont là *allégoriquement* pour les maximes fausses et
présomptueuses dont il a été parlé. Mais, allégorie pour allégorie, je croirais plutôt qu'il s'agit ici, non des mauvaises opinions, mais des mauvais désirs, que l'on a comparés plus haut
au miel des frelons, μέλιτος κηφήνων. Ce miel, dont notre homme
avait goûté d'abord, il y revient et s'en enivre, comme de
lotos. » (Note de Cousin.)
2. On pourrait rapprocher ce passage de Thucydide, liv. III,
ch. LXXXII.

désirs nécessaires, passe à l'état, dirai-je de liberté ou d'esclavage, où il s'abandonne à une foule de désirs superflus et pernicieux? — On ne peut exposer ce changement d'une manière plus frappante.

— Il vit après cela sans distinguer les plaisirs superflus des plaisirs nécessaires, se livrant aux uns et aux autres, n'épargnant pour les satisfaire ni son bien ni ses soins, ni son temps. S'il est assez heureux pour ne pas porter ses désordres à l'excès, et si l'âge, ayant un peu apaisé le tumulte des passions, l'engage à rappeler de l'exil la faction des désirs qui ont été chassés, et à ne pas s'abandonner sans réserve au parti vainqueur, il établit alors entre ses désirs une espèce d'égalité, et, les faisant, pour ainsi dire, tirer au sort, il livre son âme au premier à qui le sort est favorable. Ce désir satisfait, il passe sous l'empire d'un autre, et ainsi de suite, il n'en dédaigne aucun, et les nourrit tous également. — Cela est vrai. — Et, refusant de laisser entrer dans la citadelle le discours vrai, si quelqu'un vient lui dire qu'il y a des plaisirs de deux sortes : les uns qui résultent des désirs honnêtes et vertueux, les autres qui sont le fruit des désirs criminels et défendus ; qu'il faut rechercher et estimer les premiers, réprimer et asservir les seconds; il n'y répond que par des signes de dédain: il soutient que tous les plaisirs sont de même nature, et méritent également d'être estimés. — Telle doit être, en effet, sa conduite dans la disposition d'esprit où il se trouve.

— Il vit donc au jour le jour. Le premier désir qui se présente est le premier satisfait. Aujourd'hui il s'enivre et se plaît au chant des instruments[1]; demain il ne boira que de l'eau et s'infligera mille privations. Tantôt il s'exerce au gymnase, tantôt il est oisif et n'a souci de rien. Quelquefois il est philosophe; souvent il se mêle des affaires politiques, et, s'élançant à la tribune, il parle et agit au hasard. Un jour, il porte envie à la condition des gens de guerre, et le voilà devenu guerrier[2]; un autre

---

1. *Mot à mot :* au son de la flûte.
2. Il est impossible de ne pas reconnaître ici le portrait d'Alcibiade.

jour, il se jette dans le commerce. En un mot, il n'y a
dans sa conduite rien de fixe, rien de réglé ; il ne veut être
gêné en rien, et il appelle la vie qu'il mène une vie libre
et bien heureuse. — Tu nous as dépeint au naturel la vie
d'un ami de l'égalité. — Son caractère, qui réunit en lui
toutes sortes de mœurs et de caractères, a tout l'agré-
ment et toute la variété de l'état démocratique, et il n'est
pas étonnant que tant de personnes de l'un et de l'autre
sexe trouvent si beau un genre de vie où sont rassemblées
toutes les espèces de gouvernement et de caractères. — Je
le conçois. — Ne mettons-nous donc pas vis-à-vis de la
démocratie cet homme qu'on peut à bon droit nommer
démocratique ? — Mettons-le.

CHAPITRE XIV. — *Comment la démocratie donne naissance*
à la tyrannie. Liberté illimitée du gouvernement démo-
cratique.

— Il nous reste désormais à considérer la plus belle forme
de gouvernement, et l'homme le plus parfait : je veux dire
la tyrannie et le tyran. — Sans doute. — Voyons donc,
mon cher ami Adimante, comment se forme le gouvernement tyrannique ; et d'abord, il est presque évident qu'il
doit sa naissance à la démocratie. — Cela est certain. —
Le passage de la démocratie à la tyrannie ne se fait-il pas
à peu près de la même manière que celui de l'oligarchie
à la démocratie ? — Comment cela ? — Ce qu'on regarde
dans l'oligarchie comme le plus grand bien, ce qui même
a donné naissance à cette forme de gouvernement, c'est la
richesse, n'est-ce pas ? — Oui. — Ce qui cause sa ruine,
n'est-ce pas le désir insatiable de s'enrichir, et l'indifférence que cet unique objet inspire pour tout le reste ? —
Cela est encore vrai. — Par la même raison, la démocratie
ne trouve-t-elle pas la cause de sa perte dans le désir
insatiable de ce qu'elle regarde comme son vrai bien ? —
Quel est ce bien ? — La liberté. Entre dans un État démocratique, tu entendras dire de toutes parts qu'il n'est point
d'avantage préférable à celui-là ; et que, pour ce motif,
tout homme né libre y fixera son séjour plutôt que par-

tout ailleurs. — Rien n'y est plus ordinaire qu'un pareil langage.

— N'est-ce pas, et c'est ce que je voulais dire, cet amour de la liberté porté à l'excès, et accompagné d'une indifférence extrême pour tout le reste, qui perd enfin ce gouvernement et rend la tyrannie nécessaire? — Comment? — Lorsqu'un État démocratique, dévoré d'une soif ardente de liberté, est gouverné par de mauvais échansons, qui la lui versent toute pure et le font boire jusqu'à l'ivresse; alors, si les gouvernants ne portent la complaisance jusqu'à lui donner de la liberté tant qu'il veut, il les accuse et les châtie, sous prétexte que ce sont des misérables qui aspirent à l'oligarchie [1]. — Assurément. — Il traite avec le dernier mépris ceux qui ont encore du respect et de la soumission pour les magistrats; il leur reproche qu'ils sont des esclaves volontaires, des gens de néant. En public comme en particulier, il vante et honore l'égalité qui confond les gouvernants avec les gouvernés. Se peut-il faire que dans un pareil état la liberté ne s'étende pas à tout? — Comment cela ne serait-il pas? — Que l'anarchie ne pénètre pas dans l'intérieur des familles, et qu'à la fin elle ne passe jusqu'aux animaux? — Qu'entends-tu par là? — Je veux dire que les pères s'accoutument à traiter leurs enfants comme leurs égaux, à les craindre même; ceux-ci à s'égaler à leurs pères; à n'avoir ni respect ni crainte pour eux, parce qu'autrement leur liberté en souffrirait; que les citoyens et les métœques [2], que les étrangers même aspirent aux mêmes droits. — C'est ainsi que les choses se passent.

— Et pour descendre à de moindres objets, les maîtres, dans cet état, craignent et ménagent leurs disciples; ceux-ci se moquent de leurs maîtres et de leurs gouverneurs. En général, les jeunes gens veulent aller de pair avec les vieillards et leur tenir tête, soit en paroles, soit en actions. Les vieillards, de leur côté, descendent aux manières

---

1. Cicéron a traduit tout ce passage (*De Republica*, I, 43).
2. Les métœques, les étrangers domiciliés, ne jouissaient pas à Athènes des mêmes droits que les citoyens.

des jeunes gens, et prennent leur badinage et leur frivolité dans la crainte de passer pour des gens d'un caractère morose et despotique. — Cela est vrai. — Mais l'abus le plus intolérable que la liberté introduise dans ce gouvernement, c'est que les esclaves de l'un ou de l'autre sexe sont aussi libres que ceux qui les ont achetés. J'allais oublier de dire à quel point de liberté et d'égalité vont les relations entre les hommes et les femmes. — Ne dirons-nous pas maintenant, selon l'expression d'Eschyle, *tout ce qui nous viendra à la bouche?* — Fort bien. C'est aussi ce que je fais. On aurait peine à croire, à moins de l'avoir vu, combien les animaux qui sont à l'usage des hommes sont ici plus libres que partout ailleurs. De petites chiennes, selon le proverbe, y sont sur le même pied que leurs maîtresses ; les chevaux et les ânes, accoutumés à marcher tête levée et sans se gêner, heurtent tous ceux qu'ils rencontrent si on ne leur cède le passage [1]. Enfin, tout y jouit d'une pleine et entière liberté. — Tu me racontes mon propre songe : je ne vais presque jamais à la campagne que cela ne m'arrive.

— Or, vois-tu que l'effet total qui résulte de toutes ces causes réunies, c'est que les citoyens en deviennent ombrageux, au point de se soulever, de se révolter à la moindre apparence de contrainte? Ils en viennent à la fin, comme tu sais, jusqu'à ne tenir aucun compte des lois écrites ou non écrites [2], afin de n'avoir absolument aucun maître. — Je le sais.

CHAPITRE XV. — *Causes de la ruine de la démocratie.*

— C'est de cette forme de gouvernement, si belle et si charmante, que naît la tyrannie, du moins à ce que je pense. — Charmante, en vérité ; mais continue de m'en expli-

---

1. La satire de la démagogie athénienne est poussée ici jusqu'à la caricature.

2. Lois non écrites, ou droit naturel. Ce sont les ἄγραπτα νόμιμα, dont Sophocle parle en vers magnifiques dans *Antigone* (v. 454 et s.). Voy. aussi le passage célèbre de Cicéron : *De Republicâ*, liv. III : « Est quidem vera lex, » etc.

quer les effets. — Le même fléau qui a perdu l'oligarchie, prenant de nouvelles forces et de nouveaux accroissements par la licence générale, pousse à l'esclavage l'État democratique : car il est vrai de dire qu'on ne peut donner dans un excès sans produire un changement qui aille à l'excès contraire[1]. C'est ce qu'on remarque dans les saisons, dans les plantes, dans nos corps et dans les États, tout comme ailleurs.— Cela doit être.— Ainsi, par rapport à un État, comme par rapport à un simple particulier, la liberté excessive doit amener tôt ou tard une extrême servitude. — Cela doit être encore. — Il est donc naturel que la tyrannie ne prenne naissance d'aucun autre gouvernement que du gouvernement démocratique; c'est-à-dire qu'à la liberté la plus pleine et la plus entière succède le despotisme le plus absolu et le plus intolérable. — C'est l'ordre même des choses. — Mais ce n'est pas là ce que tu me demandes. Tu veux savoir quel est ce fléau qui, formé dans l'oligarchie et accru ensuite dans la démocratie, conduit celle-ci à la tyrannie. — Tu as raison.

— Par ce fléau, j'entends cette foule de gens oisifs et prodigues, dont les uns, plus courageux, vont à la tête, et les autres, plus lâches, marchent à la suite. Nous avons comparé les premiers à des frelons armés d'aiguillons, et les seconds à des frelons sans aiguillon. — Cette comparaison me parait juste. — Ces deux espèces d'hommes produisent dans tout corps politique les mêmes troubles que le flegme et la bile dans le corps humain. Le sage législateur, en habile médecin de l'État, prendra à leur égard les mêmes précautions qu'un homme qui élève des abeilles prend à l'égard des frelons. Son premier soin sera d'empêcher qu'ils ne s'introduisent dans la ruche; et si, malgré sa vigilance, ils s'y sont glissés, il les détruira au plus tôt avec les alvéoles qu'ils ont infestés. — Il n'a pas d'autre

1. *Mot à mot :* « le faire trop a l'habitude de produire un grand changement en sens contraire; » l'excès en quoi que ce soit engendre l'excès contraire. Ce principe, que les contraires naissent des contraires, est développé dans le *Phédon*, et Platon en tire une des preuves de la persistance de l'âme après la mort.

parti à prendre. — Pour comprendre encore mieux ce que
nous voulons dire, faisons une chose. — Quoi ? — Sépa-
rons par la pensée l'État populaire en trois classes, dont
en effet il est composé. La première comprend ceux dont
je viens de parler ; la licence publique les y fait naître en
aussi grand nombre que dans l'oligarchie. — La chose est
ainsi. — Il y a néanmoins cette différence, qu'ils sont beaucoup plus malfaisants dans l'état démocratique. — Pour
quelle raison ?—C'est que dans l'autre État, comme ils n'ont
aucun crédit, et qu'on a soin de les écarter de toutes les
charges, ils ne peuvent ni s'exercer ni se fortifier ; au lieu
que, dans l'État démocratique, ce sont eux presque exclusivement qui sont à la tête des affaires. Les plus ardents
parlent et agissent ; les autres bourdonnent assis autour
de la tribune, et ferment la bouche à quiconque voudrait
ouvrir un avis contraire : de sorte que, dans ce gouvernement, toutes les affaires passent entre leurs mains, à l'exception d'un très petit nombre. — Cela est vrai.

— La seconde classe fait bande à part, et n'a nul commerce avec la multitude.—Quelle est-elle ?—Comme dans
cet État tout le monde travaille à s'enrichir, ceux qui sont
plus sages et plus modérés dans leur conduite sont aussi
pour l'ordinaire les plus riches. — Cela doit être. — C'est
de ces gens-là sans doute que les frelons tirent le plus de
miel, et avec le plus de facilité. — Quel butin feraient-ils
sur ceux qui n'ont rien ou peu de chose ? — Aussi donne-
t-on aux riches le nom d'*herbe aux frelons*. — Ordinairement.

CHAPITRE XVI. — *Comment se forme le tyran.*

— La troisième classe est le menu peuple, composé des
manouvriers, étrangers aux affaires, et ayant à peine de
quoi vivre. Dans la démocratie, cette classe est la plus
nombreuse, et la plus puissante lorsqu'elle est assemblée.
— Oui ; mais elle ne s'assemble guère, à moins qu'il ne
doive lui revenir pour sa part quelque peu de miel. —
Aussi ceux qui président à ces assemblées font-ils tout ce
qui dépend d'eux pour lui en fournir. Dans cette vue, ils

s'emparent des biens des riches, qu'ils partagent avec le peuple, gardant toujours pour eux la meilleure part. — C'est là le fond des distributions qu'on lui fait. — Cependant les riches, se voyant dépouillés de leurs biens, sont obligés de se défendre : ils portent leurs plaintes au peuple, et emploient tous les moyens possibles. — Sans doute. — Les autres, de leur côté, les accusent, tout innocents qu'ils sont, de vouloir mettre le trouble dans l'État, de conspirer contre le peuple, et d'être oligarchiques. — Ils n'y manquent pas.

— Mais lorsque enfin les accusés s'aperçoivent que le peuple, moins par mauvaise volonté que par ignorance, et séduit par les artifices de calomniateurs, se range du parti de ces derniers, alors, qu'ils le veuillent ou non, ils deviennent en effet oligarchiques. Ce n'est point à eux qu'il faut s'en prendre, mais à des frelons qui les piquent de leurs aiguillons et les poussent à cette extrémité. — Sans contredit. — Ensuite viennent les dénonciations, les procès et les luttes réciproques. — Cela est vrai. — N'est-il pas ordinaire au peuple d'avoir quelqu'un qu'il regarde comme son chef, qu'il travaille à nourrir et à rendre puissant ? — Oui. — Il est donc évident que c'est de la tige de ces chefs du peuple que naît le tyran, et non d'ailleurs. — La chose est manifeste. — Mais par où le chef du peuple commence-t-il à en devenir le tyran ? N'est-ce pas évidemment lorsqu'il commence à faire quelque chose de semblable à ce qui se passe, dit-on, en Arcadie, dans le temple de Jupiter Lycéen [1] ? — Que dit-on qu'il s'y passe ? — On dit que celui qui a goûté des entrailles humaines coupées par morceaux et mêlées à celles des autres victimes, est changé en loup. Ne l'as-tu jamais entendu dire ? — Oui. — De même, lorsque le protecteur du peuple, trouvant en lui une soumission parfaite à ses volontés, trempe ses mains dans le sang de ses concitoyens : quand, sur des accusations calomnieuses, et qui ne sont que trop ordinaires, il traîne

---

1. Voy. dans Pausanias, VIII, 2, la fable de Lycaon changé en loup, après avoir immolé un enfant sur l'autel de Jupiter Lycéen (note de Cousin).

ses adversaires devant les tribunaux, et les fait expirer
dans les supplices, que lui-même abreuve sa langue et sa
bouche impie du sang de ses proches et de ses amis, qu'il
décime l'État par le fer ou par l'exil, qu'il propose l'abo-
lition des dettes, un nouveau partage des terres; n'est-ce
pas pour lui une nécessité de mourir par la main de ses
ennemis ou de devenir tyran et d'être changé d'homme en
loup? — Il n'y a pas de milieu. — Le voilà donc qui
excite la sédition contre ceux qui possèdent de grands
biens. — Oui. — Et si, après avoir été chassé, il revient
malgré ses ennemis, ne revient-il pas tyran achevé? — Sans
doute.

— Mais si les riches ne peuvent venir à bout de le chasser
ni de le faire condamner à mort, en l'accusant devant le
peuple, alors ils conspirent sourdement contre sa vie. —
Cela ne manque guère d'arriver. — Et alors, comme tous
ceux qui en sont venus là, il adresse au peuple la fameuse
requête du tyran [1]; il demande des gardes, afin de mettre
en sûreté le protecteur du peuple. — Oui, vraiment. — Le
peuple les lui accorde, craignant tout pour son défenseur et
ne craignant rien pour lui-même. — Sans doute. —
Quand les choses en sont à ce point, tout homme qui possède de grandes richesses, et qui, par cette raison, passe
pour ennemi du peuple, prend pour lui l'oracle adressé à
Crésus [2] : *Il fuit vers l'Hermus pierreux, sans craindre les re-*
proches de lâcheté. — Il a raison : on ne lui donnerait pas
l'occasion de craindre deux fois de pareils reproches. —
En effet, s'il est pris dans sa fuite, il lui en coûte la vie.
— Il n'a pas d'autre sort à attendre.

— Quant au chef du peuple, ne crois pas qu'il s'endorme
dans sa puissance : renversant un grand nombre de citoyens,
il monte sur le char de l'État, et, de chef du peuple, le
voilà tyran. — Qui pourrait l'en empêcher?

1. Allusion probable à Pisistrate.
2. Hérodote, liv. I, ch. LV.

CHAPITRE XVII. — *Condition malheureuse du tyran. Moyens qu'il est obligé d'employer pour établir son pouvoir.*

— Voyons à présent quel est le bonheur de cet homme et de la société qui le nourrit. — Je le veux bien. — D'abord, dans les premiers jours de sa domination, ne sourit-il pas à tous ceux qu'il rencontre? ne salue-t-il pas chacun, assurant qu'il n'est pas tyran? Ne fait-il pas les plus belles promesses en public et en particulier, affranchissant tous les débiteurs, partageant des terres entre le peuple et ses favoris, traitant tout le monde avec une douceur et une tendresse simulées? — Il faut bien qu'il commence de la sorte. — Quand il s'est délivré de ses ennemis du dehors, en partie par des transactions, en partie par des victoires, et qu'il est en repos de ce côté-là, il a toujours soin de susciter quelque guerre, afin que le peuple sente le besoin qu'il a d'un chef. — Cela doit être. — Et surtout afin qu'appauvris par les impôts que nécessite la guerre, les citoyens ne songent qu'à leurs besoins de chaque jour, et soient moins en état de conspirer contre lui[1]. — Sans contredit. Et, s'il en soupçonne quelques-uns de nourrir de généreux sentiments et de ne pas vouloir se plier à son joug, la guerre n'est-elle pas un prétexte de s'en défaire

1. « Un autre principe de la tyrannie est d'appauvrir les sujets, pour que, d'une part, sa garde ne lui coûte rien à entretenir, et que, de l'autre, occupés à gagner leur vie de chaque jour, les sujets ne trouvent pas le temps de conspirer. C'est dans cette vue qu'ont été élevés les Pyramides d'Égypte, les monuments sacrés des Cypsélides, le temple de Jupiter Olympien par les Pisistratides, et les grands ouvrages de Polycrate à Samos, travaux qui n'ont qu'un seul et même objet, l'occupation constante et l'appauvrissement du peuple. On peut voir un moyen analogue dans un système d'impôts établis comme ils l'étaient à Syracuse : en cinq ans, Denys absorbait par l'impôt la valeur de toutes les propriétés. Le tyran fait aussi la guerre pour occuper l'activité de ses sujets, et leur imposer le besoin d'un chef militaire. » (Aristote, *Politique*, liv. VIII, ch. IX; Trad. Barthélemy Saint-Hilaire.) Tout ce chapitre présente une grande analogie avec ce que dit Platon de la tyrannie.

en les livrant aux coups de l'ennemi? Par toutes ces raisons, ne faut-il pas qu'un tyran ait toujours quelque guerre sur les bras. — Il le faut.

— Mais une pareille conduite ne doit-elle pas le rendre odieux à ses sujets? — Très odieux. — Et parmi ceux qui ont contribué à son élévation, et qui ont quelque pouvoir, les plus courageux, frappés de ce qui se passe, ne se plaindront-ils pas avec beaucoup de liberté, soit à lui-même, soit entre eux? — Il y a grande apparence. — Il faut donc que le tyran s'en défasse, s'il veut rester le maître, jusqu'à ce qu'il n'ait plus laissé debout personne, ami ou ennemi, qui ait quelque mérite. — Cela est évident. — Il doit avoir l'œil bien clairvoyant pour discerner ceux qui ont du courage, de la grandeur d'âme, de la prudence, des richesses: et tel est son bonheur, qu'il est réduit, bon gré mal gré, à leur faire la guerre à tous, à leur tendre des pièges sans relâche, jusqu'à ce qu'il en ait purgé l'État. — L'étrange manière de le purger! — Il fait le contraire des médecins, qui purgent le corps en ôtant ce qu'il y a de mauvais, et en laissant ce qu'il y a de bon. — Il faut apparemment qu'il en vienne là, s'il veut continuer de régner.

CHAPITRE XVIII. — *Moyens auxquels le tyran doit avoir recours pour affermir son pouvoir.*

— Heureuse nécessité vraiment, que celle dont il est l'esclave, et qui l'oblige soit à périr, soit à vivre avec des gens méprisables, dont encore il ne peut éviter d'être haï? — Telle est sa situation. — N'est-il pas vrai que plus il se rendra odieux à ses concitoyens par de tels actes, plus il aura besoin d'une garde nombreuse et fidèle? — Sans doute. — Mais où trouvera-t-il des gens fidèles? d'où les fera-t-il venir? — S'il les paye bien, ils accourront en foule à lui de toutes parts. — Tu veux dire, par le chien[1],

---

1. Formule de serment ordinaire à Socrate, qui ne voulait pas que l'on jurât par les dieux d'Athènes. Il s'agit du chien, dieu des Égyptiens.

qu'il lui viendra par essaim des frelons de tous les pays.
— Tu as parfaitement compris ma pensée. — Pourquoi
ne confierait-il point la garde de sa personne à des gens
du pays? — Comment cela? — En composant sa garde
d'esclaves, qu'il affranchirait après avoir fait mourir leurs
maîtres. — Fort bien, car ces esclaves lui seraient entièrement dévoués. — Tu fais, certes, une heureuse condition
de celle du tyran, si elle l'oblige à perdre les meilleurs
citoyens, et à faire de leurs esclaves ses amis et ses fidèles.
— Il ne saurait en avoir d'autres. — Ces nouveaux citoyens
sont pleins d'admiration pour sa personne; ils vivent
intimement avec lui, tandis que les gens de bien le haïssent
et le fuient. — Cela doit être.

   — On a donc bien raison, n'est-ce pas? de vanter la tragédie
comme une école de sagesse, et Euripide particulièrement.
— A quel propos dis-tu cela? — C'est qu'Euripide a pro-
noncé quelque part cette maxime d'un sens profond : *Les
tyrans deviennent habiles par le commerce des gens habiles.*
Sans doute il a voulu dire que ceux qui composent leur société sont des gens habiles. — Il est vrai qu'Euripide et
les autres poètes qualifient la tyrannie de divine[1] en plusieurs endroits de leurs ouvrages. — Aussi ces poètes tragiques, sages comme ils sont, nous pardonnent-ils, à nous
et à tous ceux qui gouvernent selon des principes ana-
logues aux nôtres, si nous refusons de les recevoir dans
l'État[2] à cause des éloges qu'ils font de la tyrannie. —
Autant que je puis croire, les plus raisonnables d'entre eux
ne s'offenseront point de ce refus. — Mais ils peuvent par-
courir à leur gré les autres États. Là, rassemblant le peuple
et prenant à leurs gages les voix les plus belles, les plus
fortes et les plus insinuantes, ils inspireront à la multitude
le goût de la tyrannie et de la démocratie. — Sans doute.
— Il leur en revient de l'argent et des honneurs, en premier lieu, de la part des tyrans, comme cela doit être; en

---

1. Euripide, *Troyennes*, v. 1177 (Cousin).
2. On sait que Platon considère la poésie dramatique en général comme corruptrice des mœurs, et qu'il exclut de sa République les poètes dont les chants ne seraient pas exclusivement consacrés à la louange des dieux et des hommes vertueux.

second lieu, de la part des démocraties. Mais, à mesure qu'ils prendront leur essor vers des gouvernements plus parfaits, leur renommée se lasse, comme essoufflée et incapable de les suivre. — Tu as raison.

Chapitre XIX. — *Condition malheureuse de l'État gouverné par un tyran.*

— Mais laissons cette digression. Revenons au tyran, et voyons comment il pourra pourvoir à l'entretien de cette garde belle, nombreuse et renouvelée à tous moments[1]. Il est évident qu'il commencera par dissiper les richesses sacrées qui se trouvent dans la ville ; et tant que la vente de ces objets lui donnera un produit suffisant, il ne demandera pas au peuple de trop fortes contributions. — Fort bien ; mais quand ce fonds viendra à lui manquer, que fera-t-il ? — Alors il vivra du bien de son père, lui, ses convives, ses compagnons et ses favorites. — J'entends : c'est-à-dire que le peuple, qui a donné naissance au tyran, le nourrira lui et les siens. — Il le faudra bien. — Mais quoi ! si le peuple se fâchait à la fin, et lui disait qu'il n'est pas juste qu'un fils déjà grand et fort soit à la charge de son père ; qu'au contraire, c'est à lui de pourvoir à l'entretien de son père ; qu'il n'a pas prétendu, en le formant et en l'élevant, se le donner pour maître, aussitôt qu'il serait grand, ni devenir l'esclave de ses esclaves, et le nourrir lui, ses esclaves et ce ramas d'étrangers ; qu'il a voulu seulement s'affranchir sous sa conduite du joug des riches, et de ceux qu'on appelle dans la société les honnêtes gens ; qu'ainsi il lui ordonne de se retirer avec ses amis, par la même autorité qu'un père chasse de sa maison son fils avec ses compagnons de débauche ? — Le peuple verra alors quel enfant il a nourri et élevé dans son sein, et que ceux qu'il prétend chasser sont plus forts que lui. — Que dis-tu ? Quoi ! Le tyran oserait faire violence à son

---

1. La multiplicité, la variété, l'instabilité, caractères de l'imperfection et du non-être, sont au comble dans l'état tyrannique.

père, et même le frapper, s'il ne cédait pas? — Qui doute qu'il en vînt jusque-là, après l'avoir désarmé? — Le tyran est donc un fils dénaturé, un parricide? C'est là ce qu'on appelle la tyrannie proprement dite. Le peuple, en voulant, comme on dit, éviter la fumée de l'esclavage des hommes libres, tombe dans le feu du despotisme des esclaves, et voit succéder la servitude la plus dure et la plus amère, celle que font subir les esclaves, à une liberté excessive et désordonnée. — C'est là ce qui ne manque guère d'arriver. — Eh bien! n'aurons-nous pas raison de prétendre avoir expliqué d'une manière satisfaisante le passage de la démocratie à la tyrannie, et la nature de ce gouvernement? — Oui, nous l'avons très bien expliqué.

FIN.

La théorie de Platon sur les révolutions jugée par Aristote.

« Dans la *République*, Socrate parle aussi de révolutions ; mais il n'a pas fort bien traité ce sujet. Il n'assigne même aucune cause spéciale de révolution à la parfaite république, au premier gouvernement. A son avis, les révolutions viennent de ce que rien ici-bas ne peut subsister éternellement, et que tout doit changer dans un certain laps de temps ; et il ajoute que « ces perturbations dont la racine, augmentée d'un tiers plus cinq, donne deux harmonies, ne commencent que lorsque le nombre à été géométriquement élevé au cube, attendu que la nature crée alors des êtres vicieux et radicalement incorrigibles. » Cette dernière partie de son raisonnement n'est peut-être pas fausse : car il est des hommes naturellement incapables de recevoir de l'éducation et de devenir vertueux. Mais pourquoi cette révolution dont parle Socrate s'appliquerait-elle à cette république qu'il nous donne comme parfaite, plus spécialement qu'à tout autre État, ou à tout autre objet de ce monde ? Mais dans cet instant qu'il assigne à la révolution universelle, même les choses qui n'ont point commencé d'être ensemble changeront cependant à la fois ! et un être né le premier jour de la catastrophe y sera compris comme les autres. On peut demander encore pourquoi la parfaite république de Socrate passe, en se changeant, au système lacédémonien. Un système politique, quel qu'il soit, se change dans le système qui lui est diamétralement opposé plus ordinairement que dans le système qui lui est proche. On en peut dire autant de toutes les révolutions qu'admet Socrate, quand il assure que le système lacédémonien se change en oligarchie, l'oligarchie en démagogie, et celle-là enfin en tyrannie. Mais c'est précisément tout le contraire. Et l'oligarchie, par exemple, succède à la démagogie bien plus souvent que la monarchie. De plus, Socrate ne dit pas si la tyrannie a ou n'a pas de révolutions ; il ne dit rien des causes qui les amènent, ni du gouvernement qui se substitue à celui-là. On conçoit facilement son silence, qu'il avait grand'peine à ne pas garder ; tout ici doit rester complètement obscur, parce que, dans les idées de Socrate, il faut que la tyrannie revienne à cette première république parfaite qu'il a conçue, seul moyen d'obtenir ce cercle sans fin dont il parle. Mais la tyrannie succède aussi à la tyrannie, témoin celle de Clisthène succédant à celle de Myron, à Sicyone. La tyrannie peut encore se changer en oligarchie, comme celle d'Antiléon à Chalcis ; ou en démagogie, comme celle de Gélon à Syracuse, ou en aristocratie, comme celle de Charilaüs à Lacédémone, et comme on le vit à Carthage. L'oligarchie, de son côté, se change en tyrannie, et c'est ce qui arriva jadis à la plupart des oligarchies siciliennes. Qu'on se souvienne qu'à l'oligarchie succéda la tyrannie de Panætius à Léontium, à Géla, celle de Cléandre, à Rhéges, celle d'Anaxilas, et qu'on se rappelle tant d'autres qu'on pourrait citer également. C'est encore une erreur de faire naître l'oligarchie de l'avidité et des occupations mercantiles des chefs de l'État. Il faut bien plutôt en demander l'origine à cette opinion des hommes à grandes fortunes, qui croient que l'égalité politique n'est pas juste entre ceux qui possèdent et ceux qui ne possèdent pas. Dans presque aucune oligarchie, les magistrats ne peuvent se livrer au commerce; et la loi le leur interdit. Bien plus, à Carthage, qui est un État démocratique, les magistrats font le commerce; et l'État n'a pourtant point éprouvé de révolution. Il est encore fort singulier d'avancer que dans l'oligarchie l'État est divisé en deux partis, les pauvres et les riches; est-ce bien là une condition plus spéciale de l'oligarchie que de la république de Sparte, par exemple, ou de tout autre gouvernement, dans lequel les citoyens ne possèdent pas tous des fortunes égales, ou ne sont pas tous également vertueux? En supposant même que personne ne s'appauvrisse, l'État n'en passe pas moins de l'oligarchie à la démagogie, si la masse des pauvres s'accroît, et de la démocratie à l'oligarchie, si les riches deviennent plus puissants que le peuple, selon que les uns se relâchent, et que les autres s'appliquent au travail. Socrate néglige toutes ces causes si diverses qui amènent les révolutions, pour s'attacher à une seule, attribuant exclusivement la pauvreté à l'inconduite et aux dettes, comme si tous les hommes, ou du moins presque tous, naissaient dans l'opulence. C'est une grave erreur. Ce qui est vrai, c'est que les chefs de la cité peuvent, quand ils ont perdu leur fortune, recourir à une révolution, et que quand des citoyens obscurs perdent la leur, l'État n'en reste pas moins fort tranquille. Ces révolutions n'amènent pas non plus la démagogie plus fréquemment que tout autre système. Il suffit d'une exclusion politique, d'une injustice, d'une insulte, pour causer une insurrection et un bouleversement dans la constitution, sans que les fortunes des citoyens soient en rien délabrées. La révolution n'a souvent pas d'autre motif que cette faculté laissée à chacun de vivre comme il lui convient, faculté dont Socrate attribue l'origine à un excès de liberté. Enfin, au milieu de ces espèces si nombreuses d'oligarchies et de démocraties, Socrate ne parle de révolutions que comme si chacune était unique dans son genre. » (*Politique*, liv. VIII, chap. x; traduction de M. Barthélemy Saint-Hilaire.)

Aristophane. Extraits, par M. J. Hellex; in-12. — 2 f.
Aristote. Morale à Nicomaque, livre VIII, par M. A. Philibert; in-12. — . f.
Aristote. La Poétique, par M. . . . el; in-12. — 80 c.
Démosthène. Discours sur la Couronne, par M. A. Marion; in-12. — 1 f. 25 c.
Démosthène. Les Olynthiennes, par M. Vendel-Heyl; in-12. — 50 c.
Démosthène. Les Philippiques, par M. P. Chéron; in-12. — 80 c.
Denys d'Halicarnasse. Première Lettre à Ammœus sur Démosthène et Aristote, par M. Bernage; in-12. — 60 c.
Élien. Morceaux choisis, par M. A. Mottet; in-12. — 1 f. 60 c.
Ésope. Fables, par M. J. Geoffroy; in-12. — 1 f.
Euripide. Alceste, par M. E. Pessonneaux; in-12. — 1 f.
Euripide. Hécube, par M. C. Leboa; in-12. — 1 f.
Euripide. Iphigénie à Aulis, par M. E. Pessonneaux; in-12. — 1 f.
Hérodote. Histoires, livre premier, par M. J. Genouille; in-12. — . . c.
Hérodote. Morceaux choisis, par M. E. Pessonneaux; in-12. — 1 f. 60 c.
Isocrate. Panégyrique d'Athènes, par M. E. Talbot; in-12. — 80 c.
Homère. Iliade, par M. F. Lécluse; in-12. — 3 f. 60 c.
Lucien. Dialogues des Morts, par M. J. Geoffroy; in-12. — 1 f.
Petits grecs. Choix de Discours, par M. J. Genouille; in-12. — 1 f. 75 c.
Platon. Apologie de Socrate, par M. H. David; in-12. — 60 c.
Platon. Phédon, par M. A. Marion; in-12. — 80 c.
Platon. La République, livre VIII, par M. L. Carrau; in-12.
Plutarque. Vie de Cicéron, par M. Curillier; in-12. — 1 f.
Plutarque. Vie de Démosthène, par M. Bernage; in-12. — 1 f.
Saint Luc. Actes des Apôtres, par M. O. Belexe; in-12.
Saint Luc. Évangile, par M. O. Belexe; in-12. — 90 c.
Sophocle. Antigone, par M. E. Pessonneaux; in-12. — 1 f.
Sophocle. Œdipe roi, par M. A. Pessonneaux; in-12.
Sophocle. Philoctète, par M. E. Pessonneaux; in-12.
Thucydide. Guerre du Péloponèse, livre premier, par M. H. David; in-12. — 1 f. 60 c.
Xénophon. Anabase, livre premier, par M. A. Mottet; in-12.
Xénophon. Cyropédie, livre premier, par M. A. Marion; in-12. — . . . c.
Xénophon. Les Économiques, chap. I à XI, par M. . . . Pessonneaux; in-12. — 90 c.
Xénophon. Les Mémorables IV, par M. A. Mottet; in-12. — 2 f.